Christiane Schiersmann/Heinz-Ulrich Thiel/
Eva Pfizenmaier
Organisationsbezogenes Qualitätsmanagement

Christiane Schiersmann
Heinz-Ulrich Thiel
Eva Pfizenmaier

Organisationsbezogenes Qualitätsmanagement

EFQM-orientierte Analyse und
Qualitätsentwicklungs-Projekte
am Beispiel der Familienbildung

Leske + Budrich, Opladen 2001

Ein Titeldatensatz für diese Publikation ist bei
Der Deutschen Bibliothek erhältlich

ISBN 3-8100-3018-X

Gedruckt auf alterungsbeständigem und säurefreiem Papier

© 2001 Leske + Budrich, Opladen

Das Werk einschließlich aller seiner Teile ist urheberrechtlich geschützt. Jede Verwertung außerhalb der engen Grenzen des Urheberrechtsgesetzes ist ohne Zustimmung des Verlages unzulässig und strafbar. Das gilt insbesondere für Vervielfältigungen, Übersetzungen, Mikroverfilmungen und die Einspeicherung und Verarbeitung in elektronischen Systemen.

Satz: Leske + Budrich, Opladen
Druck: DruckPartner Rübelmann, Hemsbach
Printed in Germany

Inhaltsverzeichnis

Abbildungsverzeichnis 7

1 Einleitung 9

2 Ablauf eines Qualitätsentwicklungsprozesses und des Modellprojekts 15

2.1 Elemente eines Qualitätsentwicklungsprozesses 15
2.2 Charakteristik des Modellprojekts 18
2.2.1 Beteiligte Einrichtungen 18
2.2.2 Aktivitäten im Rahmen des Modellprojekts 22

3 Organisationsdiagnose in Anlehnung an EFQM 25

3.1 Das Modell der European Foundation for Quality Management (EFQM) 25
3.2 EFQM-orientierte Organisationsdiagnose für die Familienbildung 39
3.2.1 Begründungen für die Anlehnung an das EFQM-Modell sowie für dessen Modifizierung 39
3.2.2 Konstruktionsprinzipien der Leitfäden und Durchführung der Organisationsdiagnose 42
3.2.3 Erfahrungen mit der Organisationsdiagnose 71
3.3 Auswahl der Vorhaben zur Qualitätsverbesserung 77

4	**Qualitätsverbesserung durch Projektmanagement**	89
4.1	Projekte als Beitrag zur Qualitätsentwicklung in Organisationen	89
4.2	Phasen der Projektbearbeitung als Problemlöseprozeß	91
4.3	Erfahrungen mit dem Projektmanagement	120
5	**Qualitätsentwicklung durch Qualitätsgruppen und Qualitätsbeauftragte**	129
5.1	Die Arbeitsweise der Qualitätsgruppen	129
5.1.1	Zusammensetzung und Funktion der Qualitätsgruppen ...	129
5.1.2	Erfahrungen der Qualitätsgruppen	142
5.2	Die Qualitätsbeauftragten	146
5.2.1	Rolle und Aufgaben der Qualitätsbeauftragten	146
5.2.2	Erfahrungen der Qualitätsbeauftragten	151
5.3	Rückkoppelung der Arbeit der Qualitätsgruppe in die Einrichtung	154
5.3.1	Bedeutung und Formen der Rückkopplung	154
6	**Fortbildung und Beratung vor Ort zur Unterstützung der Qualitätsentwicklung**	163
6.1	Fortbildung	163
6.1.1	Fortbildungsmodule	163
6.1.2	Erfahrungen mit den Fortbildungselementen	165
6.2	Professionelle Beratung in den Einrichtungen	167
7	**Bilanz und Ausblick**	175
Literatur		185

Abbildungsverzeichnis

Kapitel 1
1.1: Qualitätsentwicklung im Netzwerk des Change Management 11
1.2: Elemente eines organisationsbezogenen Qualitätsmodells 12

Kapitel 2
2.1: Einführung eines Qualitätsentwicklungsprozesses 16
2.2: Strukturmerkmale der am Modellprojekt beteiligten Bundesländer 19
2.3: Am Modellprojekt beteiligte Einrichtungen 21
2.4: Ablauf des Modellprojekts 23

Kapitel 3
3.1: Die Grundkonzepte des EFQM-Modells für Excellence ... 28
3.2: Das EFQM-Modell für Excellence 31
3.3: Die Kriterien des EFQM-Modells für Excellence 33
3.4: Beispiel für die Struktur der ‚Befähiger'-Kriterien 34
3.5: Beispiel für die Struktur der ‚Ergebnis'-Kriterien 35
3.6: Die RADAR-Logik 37
3.7: Leitfäden zu den 9 Qualitätskriterien 47
3.8: Die Teilaspekte der Potential-Kriterien 68
3.9: Die Teilaspekte der Ergebnis-Kriterien 70
3.10: Empfehlungen zur Durchführung der Stärken-Schwächen-Analyse 72
3.11: Mittelwerte der 9 Qualitätskriterien 79
3.12: Zuordnung der Qualitätsvorhaben zu den EFQM-Kriterien 83
3.13: Mittelwerte der Unterpunkte der Potentialkriterien 86

Kapitel 4

4.1:	Merkmale eines Projekts	90
4.2:	Qualitätsprojekt als phasenorientierter Problemlöseprozeß	92
4.3:	Auswahlkriterien für Projekte zur Qualitätsverbesserung	96
4.4:	Zielklärung	98
4.5:	Hinweise zum Arbeitsmaterial ‚Zielklärung'	99
4.6:	Lösungswege/Maßnahmen/Aktivitäten zur Zielerreichung	101
4.7:	Beispiel für einen Projektstrukturplan	103
4.8:	Schritte für die zeitliche und personelle Planung	105
4.9:	Beispiel einer zeitlich-personellen (Fein-)Planung	107
4.10:	Förderliche und hinderliche Einflußfaktoren auf die Durchführung	110
4.11:	Risikoanalyse	111
4.12:	Kriterien für die Machbarkeit des Projekts zur Qualitätsverbesserung	113
4.13:	Controlling und Steuerung	115
4.14:	Feststellung und Bewertung der Qualitätsverbesserung	119
4.15:	Beurteilung des Zielklärungsprozesses	122
4.16:	Erfahrungen mit der Zeitplanung	124
4.17:	Positive Auswirkungen der Arbeit der Qualitätsgruppe auf die Einrichtung	125
4.18:	Zukünftige Weiterarbeit mit dem erprobten Qualitätskonzept	127

Kapitel 5

5.1:	Spielregeln für die Arbeit in der Qualitätsgruppe	133
5.2:	Protokoll	134
5.3	Phasen der Teamentwicklung	136
5.4	Phasenspezifische Unterstützungen des Projektteams	138
5.5:	Bilanz der Qualitätsgruppe	141
5.6:	Umgang mit Konflikten	147
5.7:	Aufgaben der Qualitätsbeauftragten	149
5.8:	Zusammensetzung der Qualitätsgruppen	152
5.9:	Anregungen für eine Projektpräsentation	157
5.10:	Anregungen für die Systematik eines Qualitätshandbuchs	159

1 Einleitung

Seit einigen Jahren ist eine sehr lebhafte bildungspolitische sowie wissenschaftliche Diskussion um die Qualität im Bildungs- und Sozialbereich zu beobachten. Es sprechen viele Indizien dafür, daß es sich dabei nicht bloß um eine Modewelle handelt. Vielmehr wird der Qualitätsentwicklung zukünftig eine zentrale Rolle sowohl für die Bestandssicherung als auch die Weiterentwicklung dieser Einrichtungen zukommen. Dies gilt auch für die Familienbildung. Es lassen sich insbesondere folgende Begründungen für die Relevanz der Qualitätsdebatte anführen:

- Die Konkurrenz zwischen verschiedenen Bildungsanbietern auf vergleichbaren Feldern ist größer geworden. Die Gewährleistung guter Qualität stellt einen Wettbewerbsvorteil auf dem Markt dar.
- Die Teilnehmerinnen[1] stellen höhere Ansprüche an die Qualität von Bildungsarbeit.
- Die Ansprüche der Mitarbeiterinnen an die Qualität ihrer Arbeit steigen.
- In Zeiten knapper öffentlicher Mittel wird Qualitätskontrolle von Förderern als ein Instrument zur Effizienzsteigerung angesehen.

Allerdings wäre es falsch, so zu tun, als hätten sich Bildungsanbieter bislang nicht um die Qualität ihrer (Dienstleistungs-) Produkte gekümmert. Die Bemühungen um Qualität bezogen sich bislang überwiegend auf die Beachtung *pädagogischer Kriterien* und die Durch-

---

1 Da es sich bei der Teilnehmerschaft und dem Personal in der Familienbildung überwiegend um Frauen handelt, sprechen wir durchgängig von Teilnehmerinnen, Mitarbeiterinnen bzw. Kursleiterinnen – Männer sind dabei selbstverständlich mitgemeint. In anderen Fällen wählen wir im Interesse der sprachlichen Vereinfachung die männliche Form.

führung von Lernkontrollen im Sinne einer *Ergebnissicherung*. Die neuen Qualitätskonzepte zeichnen sich dadurch aus, daß sie zum einen nicht nur – und nicht einmal vorrangig – die pädagogischen Prozesse im engeren Sinne in den Blick nehmen, sondern die Institution insgesamt, die die pädagogischen Angebote organisiert. Die aktuelle Debatte rückt *organisationsbezogene* und *prozeßorientierte* Kriterien im Rahmen einer Gesamtsicht von Qualität in den Vordergrund. Diese umfassende Gestaltung und Steuerung von Qualität wird mit dem Begriff Qualitätsmanagement gefasst. Qualitätsmanagement impliziert ein geplantes, systematisches, umfassendes und auf Kontinuität angelegtes Vorgehen bei der Qualitätsentwicklung.

Wir sehen als Hintergrund für diese Fokussierung zwei zentrale Entwicklungen als ausschlaggebend an: Zum einen haben sich die Rahmenbedingungen der Ausgestaltung von Weiterbildung und Jugendarbeit im allgemeinen, der Familienbildung im besonderen, stark verändert. Die öffentlichen Zuschüsse gehen trotz wohlklingender Beschwörungen der Bedeutung von (Familien-)Bildung zurück, und die Einrichtungen müssen marktbezogene Steuerungselemente in ihre Strategien einbeziehen. Auf der anderen Seite differenzieren sich angesichts der sich verändernden Lebensbedingungen von Familien die Lerninteressen ihrer Mitglieder aus. Diese Entwicklung erschwert eine angebotsorientierte Planung. Beide Tendenzen zwingen die Einrichtungen der Familienbildung dazu, sich neu zu profilieren und sich kontinuierlich zu verändern. Die Einführung von Qualitätsmanagement stellt dafür ein mögliches Modell dar.

Diese Veränderungsstrategie ist gegenüber anderen wie denen der Organisationsentwicklung, des Projektmanagements oder des Wissensmanagements nicht trennscharf. Vielmehr verfolgen die einzelnen Ansätze eher analytisch zu differenzierende Perspektiven. Die Abb. 1.1 verdeutlicht die Interdependenz dieser verschiedenen Strategien des Change Managements. Der besondere Anspruch der Qualitätsentwicklung im Vergleich zu anderen Interventions- bzw. Veränderungsformen besteht vor allem darin, daß das Qualitätsmanagement die organisationsumfassende Perspektive der Verbesserung auf allen Gebieten mit dem Gedanken einer zeitlichen Kontinuität der ständigen Analyse und Veränderung verbindet. Insofern gleicht der Prozeß der Qualitätsentwicklung dem der lernenden Organisation.

Im Rahmen eines vom Bundesministerium für Familie, Senioren, Frauen und Jugend geförderten Modellprojekts haben wir vor diesem Hintergrund ein organisationsbezogenes Qualitätsmodell für die Familienbildung entwickelt und in drei Bundesländern mit insgesamt ca. 50 beteiligten Einrichtungen erprobt. Nach unserer Kenntnis stellt dieses Modellprojekt zur Qualitätsentwicklung damit in bezug auf die Zahl der beteiligten Einrichtungen das mit Abstand größte dar, das in Deutschland im (Weiter-)Bildungsbereich bislang durchgeführt wurde.

> **Abb. 1.1: Qualitätsentwicklung im Netzwerk des Change Management**

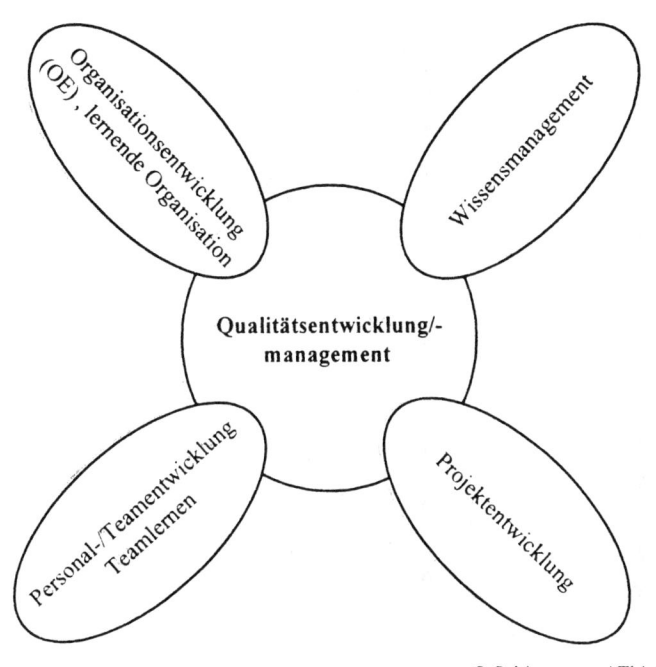

© Schiersmann / Thiel 2001

Das von uns entwickelte Qualitätsmodell besteht im wesentlichen aus vier Elementen (s. Abb. 1.2):

- *Durchführung einer einrichtungsumfassenden Stärken-Schwächen-Analyse als Organisationsdiagnose*
  Dabei haben wir uns an das Modell der European Foundation for Quality Management (EFQM) angelehnt (s. Kap. 3). Eine solche Diagnosephase ist in der Regel auch Bestandteil einer Organisationsentwicklung (OE).

Abb. 1.2: Elemente eines organisationsbezogenen Qualitätsmodells

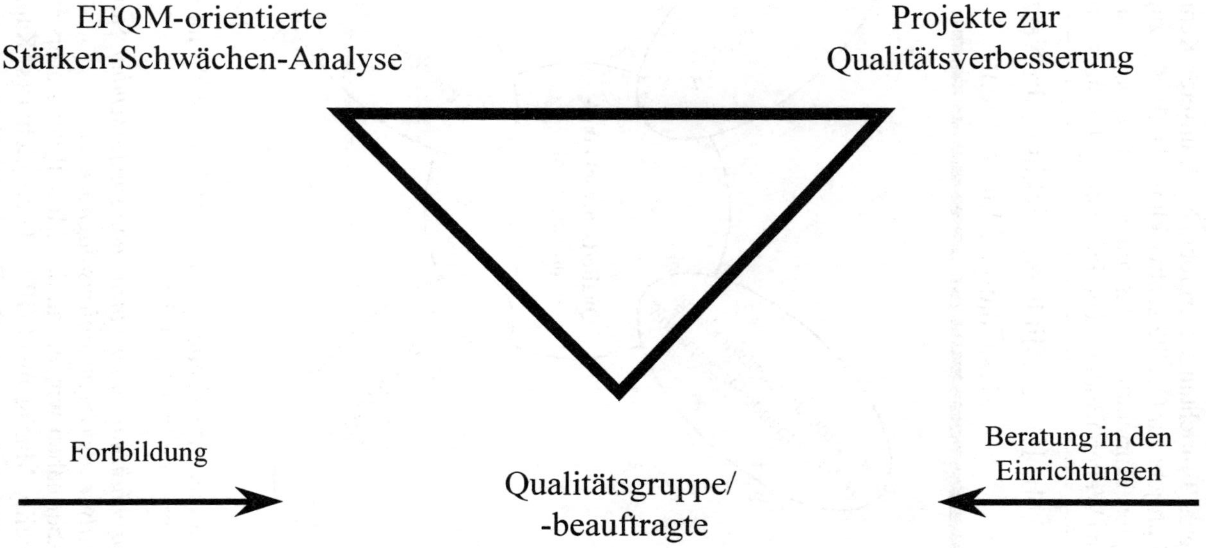

Projekte zur Qualitätsverbesserung

Beratung in den Einrichtungen

Qualitätsgruppe/ -beauftragte

EFQM-orientierte Stärken-Schwächen-Analyse

Fortbildung

© Schiersmann / Thiel / Pfizenmaier 2001

- *Realisierung konkreter Vorhaben zur Qualitätsverbesserung*
  Dieses zweite Element stellt eine wichtige Ergänzung des EFQM-Modells dar (s. Kap. 4). Sie erschien uns erforderlich, da letzteres keine konkreten Unterstützungsinstrumente für die Gestaltung von Vorhaben zur Qualitätsentwicklung enthält – wie es die Methode des Projektmanagements zur Verfügung stellt.

- *Einrichtung von Qualitätsgruppen mit Qualitätsbeauftragten*
  Weiter ist für unseren Ansatz konstitutiv, daß die Stärken-Schwächen-Analyse sowie die Durchführung von Vorhaben zur Qualitätsverbesserung durch eigens dafür konstituierte Qualitätsgruppen durchgeführt werden, die von einer Qualitätsbeauftragten moderiert werden. In diesen heterogen zusammengesetzten Gruppen kooperieren im wesentlichen Leitungskräfte, hauptamtlich tätige pädagogische Mitarbeiterinnen, Verwaltungskräfte, Kursleiterinnen sowie Teilnehmerinnen (s. Kap. 5). Dadurch wird im Sinne des Wissensmanagements eine optimale Nutzung vorhandenen Wissens bei den Mitarbeitergruppen und die Gewinnung neuen Wissens in der Einrichtung ermöglicht.

- *Fortbildung und professionelle Beratung vor Ort*
  Da es sich bei der Einführung eines systematischen Qualitätsmanagements um eine neue Aufgabe für Bildungseinrichtungen handelt, die spezifische Qualifikationen erfordert, sind im Interesse einer erfolgreichen Implementation Unterstützungselemente hilfreich. Dazu zählt zum einen die Fortbildung der Leitungskräfte sowie der Qualitätsbeauftragten. Zum anderen kann fakultativ angebotene professionelle externe Beratung vor Ort im Sinne einer Impulsberatung die konkrete einrichtungsspezifische Qualitätsarbeit unterstützen (s. Kap. 6).

Mit diesen vier Elementen unseres Qualitätsmodells, das sich problemlos auf andere Einrichtungen im Bildungs- und Sozialbereich übertragen läßt, integrieren wir zentrale Aspekte unterschiedlicher Ansätze zum Change Management, d.h. zur Veränderung von Organisationen. Damit verwischen sich zugleich die Unterschiede zwischen Qualitätsmanagement und Organisationsentwicklung weitgehend.

In den folgenden Kapiteln stellen wir jeweils zunächst die konzeptionellen und methodischen Überlegungen zur Ausgestaltung der vier genannten Elemente unseres Qualitätsmodells dar und werten anschließend die damit im Rahmen des Modellprojekts gemachten praktischen Erfahrungen aus.

2 Ablauf eines Qualitätsentwicklungsprozesses und des Modellprojekts

2.1 Elemente eines Qualitätsentwicklungsprozesses

Bevor wir auf die einzelnen Schritte der Qualitätsentwicklung im einzelnen eingehen, geben wir einen kurzen Überblick über den Gesamtablauf, den sich eine Einrichtung bei der beabsichtigten Einführung des Qualitätsentwicklungsmodells zunächst vergegenwärtigen sollte. Es sind zumindest die in Abb. 2.1 aufgelisteten Schritte erforderlich, die im folgenden etwas näher beschrieben werden.

- *Überzeugung und Engagement für Qualitätsentwicklung in der Einrichtung erzielen*
  Zunächst muß die Leitungsebene von der Relevanz der Qualitätsentwicklung überzeugt sein, denn ohne eine manifeste Unterstützung der Leitung kann kein Qualitätsmanagement erfolgreich umgesetzt werden. Weiter sollte sie die Mitarbeiterinnen von der Notwendigkeit der Auseinandersetzung mit dieser Thematik überzeugen. Diese Diskussion kann beispielsweise auf einer Mitarbeiterbesprechung oder einer eigens dafür anberaumten Sitzung (Workshops, Klausurtagung) erfolgen.

- *Einrichtung einer Qualitätsgruppe und Auswahl einer Qualitätsbeauftragten*
  In einem weiteren Schritt gilt es, in der Einrichtung eine Qualitätsgruppe zu initiieren und eine Qualitätsbeauftragte zu gewinnen. An der Qualitätsgruppe sollen die verschiedenen, für die Arbeit der Einrichtung relevanten Personengruppen beteiligt sein, d.h. neben der Leitung und den hauptamtlichen pädagogischen Mitarbeiterinnen möglichst auch Verwaltungskräfte, Kursleiterinnen und Teilnehmende (s. Näheres dazu in Kap. 5).

Abb. 2.1: Einführung eines Qualitätsentwicklungsprozesses

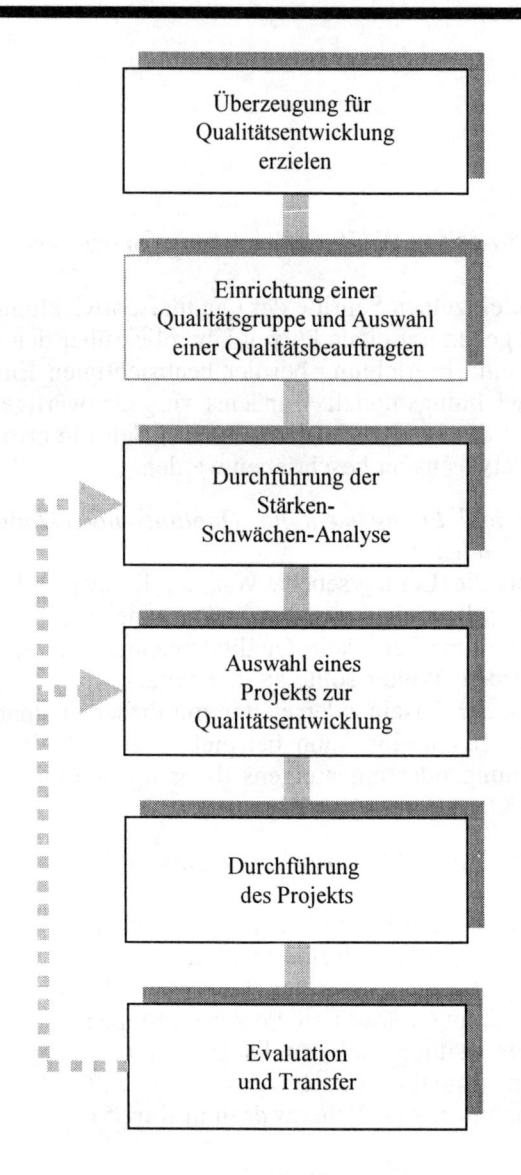

Überzeugung für
Qualitätsentwicklung
erzielen

Einrichtung einer
Qualitätsgruppe und Auswahl
einer Qualitätsbeauftragten

Durchführung der
Stärken-
Schwächen-Analyse

Auswahl eines
Projekts zur
Qualitätsentwicklung

Durchführung
des Projekts

Evaluation
und Transfer

© Schiersmann / Thiel / Pfizenmaier 2001

- *Durchführung der Stärken-Schwächen-Analyse*
  Die erste Arbeitsaufgabe für die Qualitätsgruppe stellt die Durchführung der an das EFQM-Modell angelehnten Stärken-Schwächen-Analyse dar (s. Näheres dazu in Kap. 3).

- *Auswahl eines Projekts zur Qualitätsentwicklung*
  Auf der Basis der Ergebnisse der organisationsumfassenden Stärken-Schwächen-Analyse wird ein konkretes Vorhaben zur Verbesserung der Qualität ausgewählt. Dabei wird es sich in der Regel um Aufgabenstellungen handeln, für die die Stärken-Schwächen-Analyse bzw. Organisationsdiagnose ein eher schlechtes Ergebnis erbracht hat. Es ist jedoch auch denkbar, ein Thema auszuwählen, bei dem sich die Einrichtung bereits als stark einschätzt, dem aber für die Absicherung oder den Ausbau der Einrichtung besondere Bedeutung zugemessen wird, so daß eine weitere Verbesserung zweckmäßig erscheint.

- *Durchführung des Projekts zur Qualitätsverbesserung*
  Den zweiten großen Aufgabenbereich der Qualitätsgruppe stellt die Planung, Umsetzung und Auswertung des Projekts[2] zur Qualitätsentwicklung dar.

- *Evaluation und Transfer*
  Nicht nur der Beginn eines Qualitätsentwicklungsprozesses ist von besonderer Bedeutung, ebenso sollte dem Abschluß angemessene Aufmerksamkeit gewidmet werden. Dies bedeutet, die geleistete Arbeit anhand ausgewählter Kriterien zu bilanzieren, über den Transfer in den Alltag nachzudenken und – in der Regel – die Qualitätsgruppe in der bestehenden Zusammensetzung aufzulösen und zu entlasten.

- *Weiterführung*
  Nach Beendigung eines Vorhabens zur Qualitätsentwicklung stellt sich die Frage, ob und ggf. wann ein neues Projekt in Angriff genommen werden soll. In der Regel hat die Stärken-Schwächen-Analyse nicht nur einen Bereich ergeben, für den Qualitätsentwicklung angebracht erschiene, sondern mehrere. Allerdings darf auch keine Überlastung der Mitarbeiterinnen durch Qualitätsarbeit entstehen. Pausen vor der Inangriffnahme eines neuen Vorhabens sind legitim, auch wenn die Qualitätsentwicklung im Prin-

---

2   Wir benutzen im folgenden die Begriffe ‚Vorhaben' und ‚Projekt' zur Charakterisierung der konkreten Aufgabenstellungen zur Qualitätsentwicklung synonym.

zip als kontinuierlicher Prozeß verstanden werden sollte. Während der gesamten Zeit ist eine intensive und regelmäßige Rückkopplung der Arbeit der Qualitätsgruppe an die übrigen Mitglieder der Einrichtung wichtig, um nicht Verunsicherungen oder sogar Widerstand gegen diese Aktivitäten aufkommen zu lassen.

- In größeren Abständen (nach 3-5 Jahren) sollte in der Einrichtung erneut eine umfassende Stärken-Schwächen-Analyse durchgeführt werden.

2.2 Charakteristik des Modellprojekts

2.2.1 Beteiligte Einrichtungen

Im Rahmen des Modellprojekts wurde das Qualitätskonzept exemplarisch in drei ausgewählten Bundesländern erprobt. Angesichts der Vielfalt der Einrichtungen der Familienbildung wurden in Übereinstimmung mit dem Beirat des Modellprojekts die folgenden Auswahlkriterien zugrunde gelegt:

- Die drei *Bundesarbeitsgemeinschaften* der Familienbildung sollten – über alle drei Bundesländer hinweg – annähernd gleichmäßig vertreten sein.
- Es galt als wünschenswert, daß eine *trägerübergreifende Landesarbeitsgemeinschaft* in den Bundesländern besteht, die eine landesspezifische Unterstützung des Modellprojekts gewährleisten konnte.
- Ein *ostdeutsches Bundesland* sollte vertreten sein.
- Es sollten – über alle drei Bundesländer hinweg – sowohl *kleine, mittlere als auch große Einrichtungen* vertreten sein, um überprüfen zu können, ob das Qualitätskonzept auch für kleine und mittelgroße Einrichtungen realisierbar ist.

Aufgrund der genannten Kriterien wurden die Bundesländer Hessen, Mecklenburg-Vorpommern und Niedersachsen ausgewählt.[3] Die folgende Abb. 2.2 gibt einen Überblick über die Strukturmerkmale von Einrichtungen der Familienbildung in diesen drei Bundesländern.

---

3 Aktivitäten, die sich auf eines dieser drei Bundesländer beziehen, bezeichnen wir im folgenden als ‚länderspezifisch'.

Abb. 2.2: Strukturmerkmale der am Modellprojekt beteiligten Bundesländer

Bundesland	Strukturmerkmale			
	BAG-Zugehörigkeit	Größe der Einrichtungen*	Lage des Bundeslandes	Trägerübergreifende Landesarbeits- gemeinschaft
Mecklenburg- Vorpommern	Hoher Anteil von Mitgliedseinrichtungen der AGEF	Mehrheitlich kleine und mittlere Einrichtungen	Ostdeutschland	ja
Niedersachsen	Hoher Anteil von Mitgliedseinrichtungen der Evang. BAG	Mehrheitlich mittlere und große Einrichtungen	Westdeutschland	ja
Hessen	Hoher Anteil von Mitgliedseinrichtungen der Kath. BAG	Mehrheitlich kleine und mittlere Einrichtungen	Westdeutschland	ja

© Schiersmann/ Thiel/ Pfizenmaier 2001

* Wir beziehen uns hierbei auf die Ergebnisse unserer quantitativen Befragung von Leiterinnen von Einrichtungen der Familienbildung für das Jahr 1994 (vgl. Schiersmann/ Thiel/ Fuchs/ Pfizenmaier 1998).

Von seiten der Bundesarbeitsgemeinschaften der Familienbildung wurden uns insgesamt 78 Mitgliedseinrichtungen in Hessen, Mecklenburg-Vorpommern und Niedersachsen genannt, die wir zum Auftaktworkshop im Dezember 1998 in Hamburg einluden. Von diesen Einrichtungen entschieden sich insgesamt 47 (60%) für eine Beteiligung am Projekt.

Differenziert man die Beteiligung nach den drei Bundesländern, so lassen sich gewisse Unterschiede erkennen: Während sich in *Hessen* und insbesondere in *Niedersachsen* die Mehrheit der eingeladenen Einrichtungen für eine Beteiligung entschied (65% bzw. 81%), folgten in *Mecklenburg-Vorpommern* weniger Einrichtungen der Familienbildung (29%) unserer Einladung (s. Abb. 2.3). Allerdings wiesen uns die aus Mecklenburg-Vorpommern beteiligten Einrichtungen im Verlauf des Modellprojekts darauf hin, daß die uns zur Verfügung gestellten Adressen Einrichtungen umfaßten, die nicht mehr existierten bzw. nicht mehr den Einrichtungen der Familienbildung zugerechnet wurden. Demzufolge sei die Zahl der Einrichtungen in Mecklenburg-Vorpommern auf 15 zu reduzieren. Bei Zugrundelegung dieser Ausgangsgröße erhöht sich die Beteiligung der Einrichtungen aus Mecklenburg-Vorpommern auf 40%.

Auch eine Differenzierung nach der Zugehörigkeit der beteiligten Einrichtungen zu den drei Bundesarbeitsgemeinschaften zeigt Unterschiede: So entschieden sich alle in Hessen, Mecklenburg-Vorpommern und Niedersachsen eingeladenen Einrichtungen der *Bundesarbeitsgemeinschaft Evangelischer Familien-Bildungsstätten e.V.* für eine Beteiligung, jedoch nur die Hälfte der *Bundesarbeitsgemeinschaft Katholischer Familienbildungsstätten e.V.* und nur ein Drittel der Mitgliedseinrichtungen der *Bundesarbeitsgemeinschaft Familienbildung und Beratung e.V.* (s. Abb. 2.3). Zu der relativ geringen Beteiligung von Einrichtungen der Bundsarbeitsgemeinschaft Familienbildung und Beratung e.V. ist anzumerken, daß diese im wesentlichen auf die vergleichsweise geringe Beteiligung in Mecklenburg-Vorpommern zurückzuführen ist, da dort die meisten der angeschriebenen Einrichtungen Mitglied der Bundsarbeitsgemeinschaft Familienbildung und Beratung e.V. sind.

Anhand der Teilnehmerzahlen bei den länderspezifischen Workshops läßt sich feststellen, daß erfreulicherweise alle 47 Einrichtungen bis zum Ende des Modellprojekts ‚dabei' geblieben sind.

Abb. 2.3: Am Modellprojekt beteiligte Einrichtungen

Nach Bundesländern

	Angeschriebene Einrichtungen		Beteiligte Einrichtungen		Anteil der beteiligten an den angeschriebenen Einrichtungen
	abs.	%	abs.	%	%
Hessen	31	40%	20	43%	65%
Mecklenb.-Vorp.*	21	27%	6	13%	29%
Niedersachsen	26	33%	21	45%	81%
Insgesamt	78	100%	47	100%	60%

Nach Bundesarbeitsgemeinschaften

	Angeschriebene Einrichtungen		Beteiligte Einrichtungen		Anteil der beteiligten an den angeschriebenen Einrichtungen
	abs.	%	abs.	%	%
AGEF	30	38%	10	21%	33%
Evang. BAG	26	33%	26	55%	100%
Kath. BAG	22	28%	11	23%	50%
Insgesamt	78	100%	47	100%	60%

* Nach Auskunft der am Modellprojekt beteiligten Einrichtungen aus diesem Bundesland wurde uns eine zu hohe Gesamtzahl von Einrichtungen angegeben.

© Schiersmann/ Thiel/ Pfizenmaier 2001

2.2.2 Aktivitäten im Rahmen des Modellprojekts

Es lassen sich im Hinblick auf die Ausgestaltung des Modellprojekts drei Handlungsebenen ausdifferenzieren (s. Abb. 2.4):

- einrichtungsübergreifende Angebote zur Vorbereitung und Unterstützung der Qualitätsentwicklungsprozesse (Workshops, Fortbildungen),
- Aktivitäten in den einzelnen beteiligten Einrichtungen sowie
- Aufgaben der wissenschaftlichen Begleitung.

Einrichtungsübergreifende Angebote zur Vorbereitung und Unterstützung der Qualitätsentwicklungsprozesse

Die Qualitätsentwicklung der am Modellprojekt beteiligten Einrichtungen wurde – neben der Bereitstellung von Materialien – durch folgende Angebote unterstützt:

- Ein *Auftaktworkshop* wandte sich an Leitungskräfte von Einrichtungen der Familienbildung in den drei ausgewählten Bundesländern. Es wurde dort das Qualitätskonzept für die Familienbildung vorgestellt und diskutiert.
- Drei eintägige (länderspezifische) *Workshops* richteten sich an Leiterinnen und Qualitätsbeauftragte zum Austausch von Erfahrungen im Zusammenhang mit der Organisationsdiagnose in Form einer Stärken-Schwächen-Analyse und den Vorhaben zur Qualitätsverbesserung.
- Auf drei eintägigen *Fortbildungsseminaren* für Qualitätsbeauftragte, wurden u.a. die Rolle und Aufgaben der Qualitätsbeauftragten, (Konflikt-) Moderation in Gruppen, Umgang mit Materialien zur Stärken-Schwächen-Analyse in Anlehnung an das EFQM-Modell, Problemlöseverfahren in Anlehnung an Methoden des Projektmanagements für die Gestaltung der Projekte zur Qualitätsverbesserung, Controlling und Steuerung thematisiert.
- Ein zweitägiger (länderübergreifender) *Abschlußworkshop* für Leiterinnen und Qualitätsbeauftragte diente zur Bilanzierung der Erfahrungen mit dem Qualitätsentwicklungsprozeß und zur Diskussion der zukünftigen Qualitätsentwicklung.

Abb. 2.4: Ablauf des Modellprojekts „Qualitätsentwicklung und -sicherung in der Familienbildung"

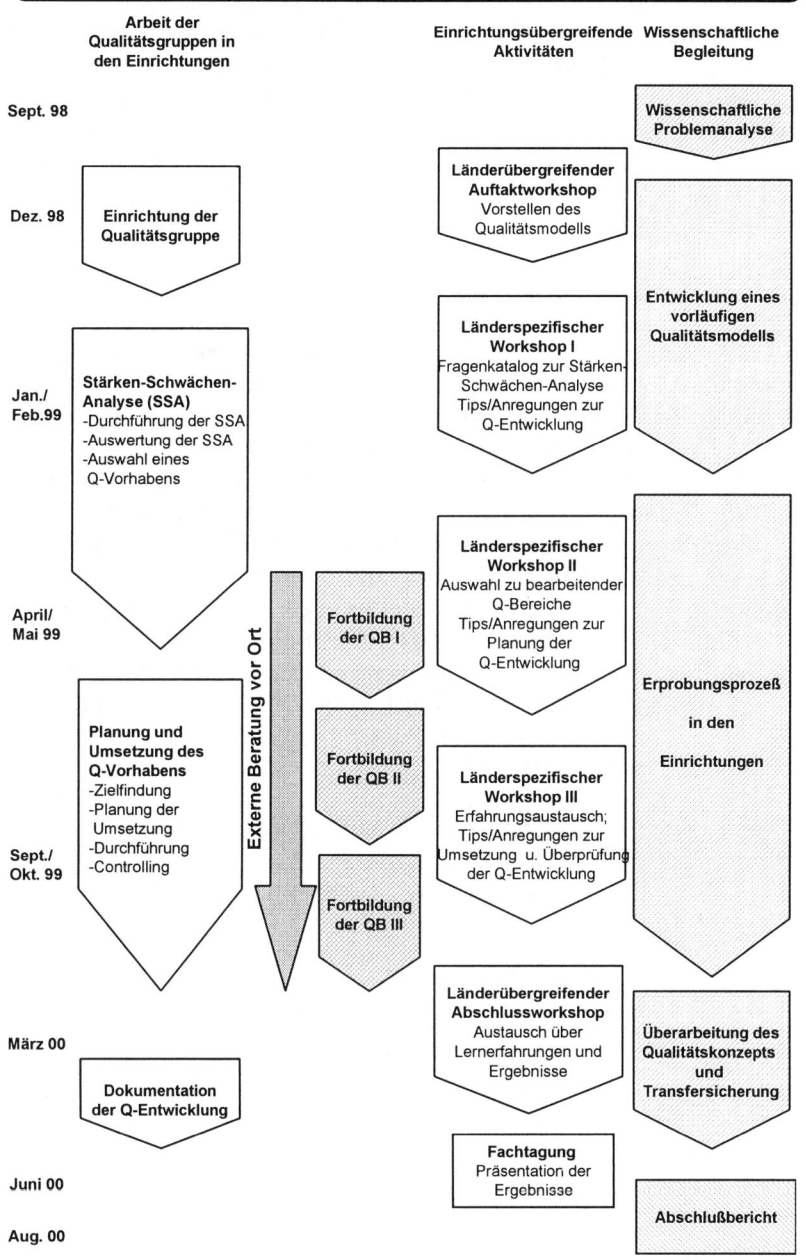

	Arbeit der Qualitätsgruppen in den Einrichtungen	Einrichtungsübergreifende Aktivitäten	Wissenschaftliche Begleitung
Sept. 98			Wissenschaftliche Problemanalyse
Dez. 98	Einrichtung der Qualitätsgruppe	Länderübergreifender Auftaktworkshop – Vorstellen des Qualitätsmodells	
Jan./ Feb. 99	Stärken-Schwächen-Analyse (SSA) – Durchführung der SSA – Auswertung der SSA – Auswahl eines Q-Vorhabens	Länderspezifischer Workshop I – Fragenkatalog zur Stärken-Schwächen-Analyse – Tips/Anregungen zur Q-Entwicklung	Entwicklung eines vorläufigen Qualitätsmodells
April/ Mai 99		Fortbildung der QB I	Länderspezifischer Workshop II – Auswahl zu bearbeitender Q-Bereiche – Tips/Anregungen zur Planung der Q-Entwicklung
Sept./ Okt. 99	Planung und Umsetzung des Q-Vorhabens – Zielfindung – Planung der Umsetzung – Durchführung – Controlling	Fortbildung der QB II / Fortbildung der QB III	Länderspezifischer Workshop III – Erfahrungsaustausch; Tips/Anregungen zur Umsetzung u. Überprüfung der Q-Entwicklung / Erprobungsprozeß in den Einrichtungen
März 00		Länderübergreifender Abschlussworkshop – Austausch über Lernerfahrungen und Ergebnisse	Überarbeitung des Qualitätskonzepts und Transfersicherung
Juni 00	Dokumentation der Q-Entwicklung	Fachtagung – Präsentation der Ergebnisse	
Aug. 00			Abschlußbericht

(Externe Beratung vor Ort – durchgehend)

© Schiersmann/ Thiel/ Pfizenmaier 2001

Aktivitäten in den einzelnen beteiligten Einrichtungen

Die Aktivitäten in den einzelnen Einrichtungen orientierten sich an dem Ablaufmodell, das in Kap. 2.1 geschildert wurde (s. Abb. 2.1). Bei Bedarf konnten die Einrichtungen beim Deutschen Institut für Erwachsenenbildung (DIE) externe professionelle Beratung vor Ort nachfragen. Dieses stellte uns einen verallgemeinerten Auswertungsbericht zur Verfügung, dessen Ergebnisse in Kap. 6.3 eingeflossen sind.

Aufgaben der wissenschaftlichen Begleitung

Die Aufgaben der wissenschaftlichen Begleitung orientierten sich an einem Konzept der Handlungsforschung. Ihr oblag es, die Elemente des Qualitätsmodells auszugestalten (s. Abb. 1.2) sowie die Workshops für Leitungskräfte und Qualitätsbeauftragte und die Fortbildungen für Qualitätsbeauftragte durchzuführen. Darüber hinaus bestand die Aufgabe der wissenschaftlichen Begleitung in der Dokumentation der Erfahrungen mit dem Qualitätsmodell. Dazu wurden die Aufzeichnungen aus den Workshops und Fortbildungen ausgewertet. Weiter wurde gegen Ende des Modellprojekts eine schriftliche Befragung aller Mitglieder der Qualitätsgruppen einschließlich der Qualitätsbeauftragten zu ihren Erfahrungen mit der Qualitätsarbeit durchgeführt. Außerdem wurden an drei Einrichtungen darüber hinaus detailliertere Protokolle über deren Prozeß der Qualitätsentwicklung erstellt und Interviews durchgeführt.

3 Organisationsdiagnose in Anlehnung an EFQM

Eine systematische und kontinuierliche Qualitätsentwicklung setzt eine Organisationsdiagnose voraus. Nur so kann ein auf den Kontext der gesamten Einrichtung bezogenes Stärken-Schwächen-Profil herausgearbeitet und eine Gewichtung von Verbesserungsbereichen vorgenommen werden. Darüber hinaus trägt eine konsensual erarbeitete Organisationsdiagnose zu einer breiten Unterstützung von Aktivitäten zur Qualitätsverbesserung bei.

Für die Durchführung einer Organisationsdiagnose im Rahmen von Qualitätsentwicklung haben wir in Anlehnung an das ‚Modell für Excellence'[4] der European Foundation for Quality Management (i.f. EFQM) Leitfäden zur Stärken-Schwächen-Analyse von Einrichtungen der Familienbildung entwickelt. Diese Leitfäden sind für eine Selbstbewertung der Einrichtungen durch die Qualitätsgruppen konzipiert.

Bevor wir auf diese Leitfäden zur Stärken-Schwächen-Analyse (Konstruktionsprinzipien, Bearbeitungsschritte, Erfahrungen mit der Bearbeitung; s. Kap. 3.2) und die daraus resultierenden Stärken-Schwächen-Profile der am Modellprojekt beteiligten Einrichtungen der Familienbildung (Kap. 3.3) näher eingehen, werden im folgenden zunächst die Grundzüge des EFQM-Modells skizziert (Kap. 3.1).

3.1 Das Modell der European Foundation for Quality Management (EFQM)

Das ‚EFQM-Modell für Excellence' ist ein europaweit anerkanntes Managementsystem zur Einführung und Umsetzung von Total Qua-

---

4 Unter Excellence werden überragende Praktiken in den Vorgehensweisen einer Organisation und beim Erzielen von Ergebnissen verstanden (EFQM 1999c, 30).

lity Management (TQM, dt. Umfassendes Qualitätsmanagement[5]). Entwickelt worden ist dieses Modells von der *European Foundation for Quality Management*, die 1988 von 14 europäischen Unternehmen als gemeinnützige Organisation gegründet wurde und derzeit 800 Mitglieder umfaßt (Stand: Januar 2000; vgl. EFQM 1999c, 3). Ein Blick auf die Liste der deutschen Mitgliedseinrichtungen (Stand: September 2000) macht deutlich, daß das ‚EFQM-Modell für Excellence' nicht nur in gewerblichen Industrie- und Dienstleistungsunternehmen praktiziert wird, sondern inzwischen auch vermehrt in öffentlich geförderten Einrichtungen der außerschulischen Bildung und der sozialen Arbeit (bzw. in deren Verbänden) Einzug gehalten hat.[6]

Über das Bekanntmachen und Verbreiten des ‚Modells für Excellence' hinaus zählen zu den Aktivitäten der EFQM insbesondere Serviceleistungen für ihre Mitglieder (Publikationen, Assessoren-Trainings, Weiterentwicklung des Modells) sowie die (jährliche) Ausschreibung des Europäischen Qualitätspreises (European Quality Award EQA)[7].

Im Mittelpunkt des ‚EFQM-Modells für Excellence' steht „wie Menschen in Prozessen (excellente) Ergebnisse erzielen" (Otto 1999, 7). Mit diesem Modell soll Organisationen ein „Managementvorgehen" an die Hand gegeben werden, das sie in die Lage versetzt, „überragende Ergebnisse für ihre Interessengruppen zu erwirtschaften" und diese auch in einem sich ständig wandelnden Umfeld „aufrechtzuerhalten" (EFQM 1999b, 4ff.). Zu diesen Interessengruppen werden Mitarbeiterinnen, Kunden, Lieferanten, die Gesellschaft im allgemeinen und finanziell an der Organisation Interessierte (z.B. Aktionäre) gezählt.

Als „Vision"[8] hat die EFQM „eine Welt" formuliert, „in der europäische Organisationen eine überragende Stellung einnehmen". Ihre „Mis-

---

5   Unter Qualitätsmanagement wird die „Gesamtheit der (festgelegten bzw. realisierten) qualitätsbezogenen Tätigkeiten in einer Organisation/Einrichtung" verstanden, bei denen der „Schwerpunkt bei den auf Planung, Steuerung/Regelung und Verbesserung bezogenen Aktivitäten" liegt (vgl. Beywl/Geiter 1997, 18).
6   So sind inzwischen u.a. der Paritätische Wohlfahrtsverband – Gesamtverband, das Bildungszentrum des Internationalen Bundes (IB) in Stuttgart, der Verein für Sozialpädagogische & Psychologische Hilfe e.V. und das Deutsche Institut für Erwachsenenbildung (DIE) Mitglied der EFQM (vgl. www.efqm.org/members/info/Members %20list%2009-00.zip, Stand: 24.10.2000).
7   Dieser Preis wird u.a. von der Europäischen Kommission finanziert (vgl. EFQM 1999a, 10ff.).
8   Eine Vision beschreibt, wie eine Organisation zukünftig zu sein wünscht (vgl. EFQM 1999c, 31)

sion"[9] sieht sie darin, „die treibende Kraft für nachhaltige Excellence in Europa zu sein" (EFQM 1999c, 3). Diese „nachhaltige Excellence" soll mittels eines zyklisch zu wiederholenden Selbstbewertungsprozesses auf der Basis des ‚EFQM-Modells für Excellence' erreicht werden. Dadurch sollen Stärken und Verbesserungsbereiche einer Organisation erkannt und Lösungen angeregt werden, die zu einer nachhaltigen Verbesserung der „Leistung" einer Organisation beitragen (vgl. EFQM 1999a, 8f.).

Dem EFQM-Modell zugrundeliegende Grundsätze

Den normativen Rahmen des EFQM-Modells bilden acht Grundsätze des Qualitätsmanagements, die sogenannten „Grundkonzepte"[10] (s. Abb. 3.1):

- Ergebnisorientierung
- Kundenorientierung
- Führung und Zielkonsequenz
- Management mit Prozessen und Fakten
- Mitarbeiterentwicklung und –beteiligung
- Kontinuierliches Lernen, Innovation und Verbesserung
- Aufbau von Partnerschaften
- Verantwortung gegenüber der Öffentlichkeit

Das Grundkonzept der *Ergebnisorientierung* geht von der These aus, daß die „Excellence" der Ergebnisse einer Organisation davon abhängig sei, „wie die Ansprüche aller relevanten Interessengruppen in ein ausgewogenes Verhältnis zueinander gebracht werden können" (EFQM 1999b, 6). Damit werden die Ergebnisse einer Organisation nicht nur daran gemessen, inwieweit es ihr gelingt, Wertschöpfung bzw. Nutzen für alle Interessengruppen zu erzeugen, sondern auch daran, inwieweit es ihr hierbei gelingt, einen Interessensausgleich herzustellen.

Das besondere Gewicht, das unter diesen Interessengruppen den Kunden beigemessen wird, kommt im Konzept der *Kundenorientierung* zum Ausdruck. Dieses geht davon aus, daß „letztendlich die Meinung des Kunden über die Produkt- und Dienstleistungsqualität entscheidet" (EFQM 1999b, 6) und somit nur solche Organisationen langfristig Erfolg haben werden, die sich nach den Bedürfnissen ihrer gegenwärtigen und potentiellen Kunden ausrichten.

---

9   Unter Mission wird der (Daseins-)Zweck einer Organisation bzw. die Begründung für deren Existenz oder Funktion verstanden (vgl. EFQM 1999c, 31).
10 Nach Angaben der EFQM ist die Reihenfolge der ‚Grundkonzepte' ohne Bedeutung, und auch deren Aufzählung erhebe keinen Anspruch auf Vollständigkeit, denn auch diese Konzepte werden ständig weiterentwickelt und verbessert (vgl. EFQM 1999c, 7).

Abb. 3.1: Die Grundkonzepte des EFQM-Modells für Excellence

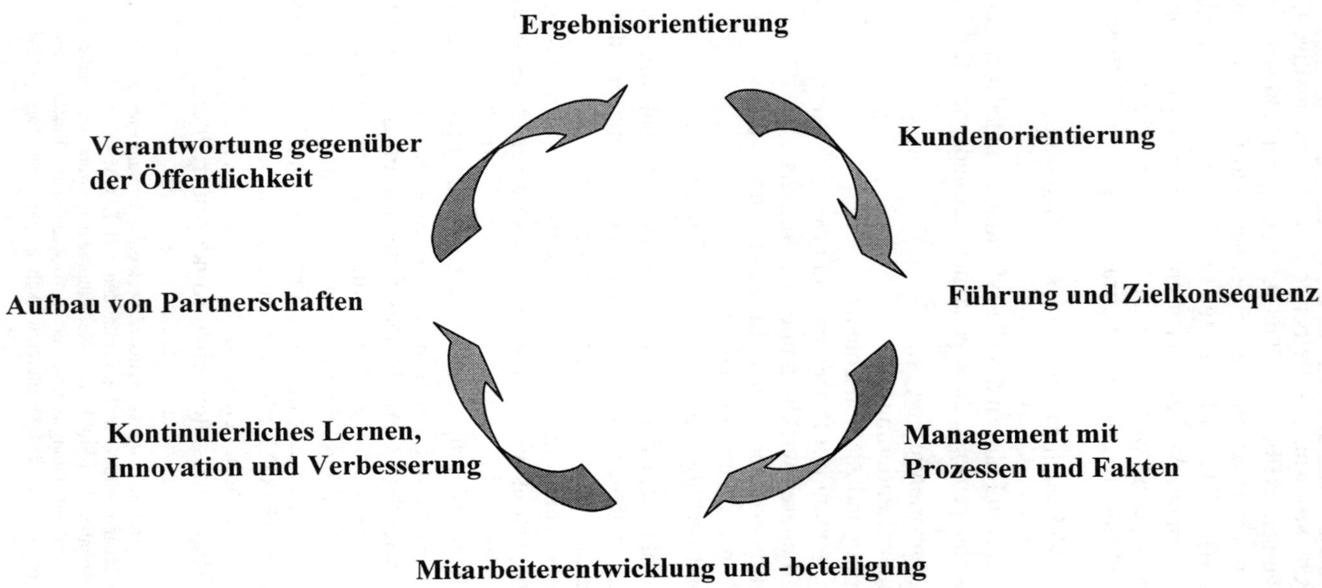

Kundenorientierung

Führung und Zielkonsequenz

Management mit Prozessen und Fakten

Ergebnisorientierung

Mitarbeiterentwicklung und -beteiligung

Verantwortung gegenüber der Öffentlichkeit

Aufbau von Partnerschaften

Kontinuierliches Lernen, Innovation und Verbesserung

Quelle: EFQM 1999b, S. 5

Dieses Grundkonzept der Kundenorientierung korrespondiert mit einem Qualitätsverständnis, das Qualität vor allem an den Anforderungen der Kunden an ein Produkt bzw. eine Dienstleistung festmacht. Ein solches Qualitätsverständnis liegt nicht nur dem EFQM-Modell, sondern auch anderen gängigen Qualitätsmanagement-Systemen, wie z.B. der Norm DIN EN ISO 9000ff., zugrunde.[11]

Mit dem Grundkonzept der *Führung und Zielkonsequenz* ist gemeint, daß die Leitungsebene einer Organisation die Verantwortung dafür trägt, Klarheit und Einigkeit über die Organisationsziele und deren Ausrichtung herzustellen sowie ein Umfeld zu schaffen, das Mitarbeiterinnen zu überragenden Leistungen – im Sinne der Organisationsziele – motiviert. Das Prinzip der ‚Zielkonsequenz' kann z.B. durch die Entwicklung eines Leitbildes der Organisation und die entsprechende Ausrichtung der langfristigen Strategien sowie der wichtigsten Prozesse ‚gelebt' werden (vgl. EFQM 1999b, 6 und 9).

Das Grundkonzept des *Management mit Prozessen und Fakten* geht davon aus, daß der Grad der Zielerreichung (Effektivität) und die Ziel-Mittel-Relation (Effizienz) in einer Organisation verbessert werden können,

– wenn verstanden wird, welche Aktivitäten zusammengehören, und dementsprechend die Prozesse[12] zur Erreichung der gewünschten Ziele identifiziert und festgelegt sind und
– wenn die Prozesse systematisch gestaltet, d.h. kontinuierlich überprüft und verbessert werden (vgl. EFQM 1999b, 7ff.).

Die Effektivität und Effizienz einer Organisation kann darüber hinaus gesteigert werden, wenn Entscheidungen aufgrund von zuverlässigen

---

11 So wird Qualität in der in Kürze vorliegenden Norm DIN EN ISO 9000:2000 nach dem derzeitigen Revisionsstand (3. Entwurf, 06/2000) voraussichtlich definiert werden als „Vermögen einer Gesamtheit inhärenter Merkmale eines Produkts, Systems oder Prozesses zur Erfüllung von Forderungen von Kunden und anderen interessierten Parteien". Auch in der derzeit nach DIN EN ISO noch gültigen Definition von Qualität ist diese Kundenorientierung, wenn auch nicht ganz so deutlich, bereits enthalten. Qualität wird danach definiert als „die Gesamtheit von Merkmalen einer Einheit bezüglich ihrer Eignung, festgelegte und vorausgesetzte Erfordernisse" – und damit auch Anforderungen von Kunden – „zu erfüllen" (DIN EN ISO 8402).
12 Im Kontext der DIN EN ISO 9000ff. wird ein Prozeß definiert als 1) „Gesamtheit von in Wechselbeziehungen stehenden Abläufen, Vorgängen und Tätigkeiten, durch welche Werkstoffe, Energien oder Informationen transportiert oder umgeformt werden" (DGQ 1995, 17) bzw. als 2) „Satz von in Wechselbeziehungen stehenden Mitteln und Tätigkeiten, die Eingaben in Ergebnisse umgestalten" (DIN EN ISO 8402); unter Mitteln werden hierbei z.B. Personal, Finanzen, Einrichtungen, Methoden verstanden (DGQ 1995, 18).

Informationen (auf der Basis der Analyse z.B. von Rahmenbedingungen, vorliegenden Erfahrungen, Feedback, statistischen Daten, Fachinformationen) getroffen werden und damit zu realistischen Zielvorgaben und Lösungswegen führen (vgl. EFQM 1999b, 7).

Das Grundkonzept der *Mitarbeiterentwicklung und -beteiligung* verweist darauf, daß sich das Potential der Mitarbeiterinnen „am besten unter gemeinsamen Werten und einer Kultur des Vertrauens und des eigenverantwortlichen Handelns ... entfalten (kann)" (EFQM 1999b, 7). Dieses Konzept geht davon aus, daß die Beteiligung und Förderung von Mitarbeiterinnen wesentlich dazu beiträgt, deren Motivation und Engagement, deren Wissensaustausch untereinander, deren Lernmöglichkeiten und damit letztlich deren Leistungen zu erhöhen.

Kontinuierliches Lernen, Innovation und Verbesserung stellt ein zentrales Konzept der Total-Quality-Philosophie generell und damit auch des EFQM-Modells dar (s. Abb. 3.2). Es nimmt über die individuellen Mitarbeiterinnen hinaus die gesamte Organisation als ‚lernende Organisation' in den Blick. Dabei wird davon ausgegangen, daß „die Leistung einer Organisation gesteigert (wird),

- wenn sie auf Management und Wissenstransfer beruht und
- in eine Kultur kontinuierlichen Lernens, kontinuierlicher Innovation und Verbesserung eingebettet ist" (EFQM 1999b, 7).

Von einer entsprechenden Kultur verspricht man sich insbesondere, daß sie dazu beiträgt, „auf Vorbeugung ausgerichtete Verbesserungsaktivitäten" im Tagesgeschäft aller Mitarbeiterinnen zu integrieren und damit die Flexibilität der Organisation (gegenüber Veränderungen) zu erhöhen, ihre Leistungen zu optimieren und Kosten zu senken.

Das Grundkonzept des *Aufbaus von Partnerschaften* geht davon aus, daß eine Organisation ihre Ziele effektiver erreichen kann, wenn sie Beziehungen zum gegenseitigen Nutzen aufbaut und unterhält, die auf Vertrauen und Wissenstransfer beruhen (vgl. EFQM 1999b, 8f.).

Mit dem Grundkonzept der *Verantwortung gegenüber der Öffentlichkeit* ist gemeint, daß eine Organisation die „Erwartungen und Regeln der Gesellschaft" einhalten bzw. übertreffen sollte, um langfristig ihr Bestehen zu sichern. Durch die Einhaltung von Gesetzen und behördlichen Auflagen (z.B. im Umweltbereich) sowie durch gesellschaftliches Engagement sollen die Glaubwürdigkeit und das Ansehen einer Organisation in der Öffentlichkeit erhöht bzw. aufrecht erhalten werden (vgl. EFQM 1999b, 8f.)

Abb. 3.2: Das EFQM-Modell für Excellence

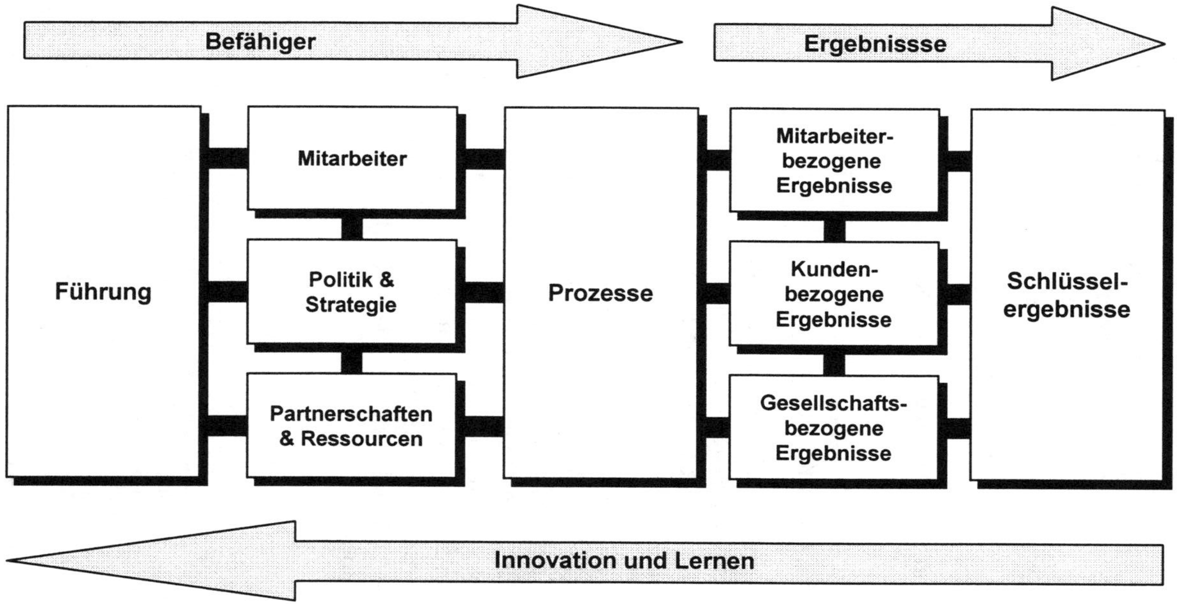

Befähiger

- Führung
- Mitarbeiter
- Politik & Strategie
- Partnerschaften & Ressourcen
- Prozesse

Ergebnissse

- Mitarbeiterbezogene Ergebnisse
- Kundenbezogene Ergebnisse
- Gesellschaftsbezogene Ergebnisse
- Schlüsselergebnisse

Innovation und Lernen

© EFQM 1999

Kriterien des EFQM-Modells

Auf der Basis dieser acht „Grundkonzepte" setzt sich das ‚EFQM-Modell für Excellence' aus fünf sogenannten „Befähiger"-Kriterien und vier „Ergebnis"-Kriterien zusammen. Bei den Befähiger-Kriterien

1. Führung,
2. Politik und Strategie,
3. Mitarbeiter,
4. Partnerschaften und Ressourcen,
5. Prozesse

stehen die *Vorgehensweisen* einer Organisation im Mittelpunkt, bei den Ergebnis-Kriterien

6. Mitarbeiterbezogene Ergebnisse,
7. Kundenbezogene Ergebnisse,
8. Gesellschaftsbezogene Ergebnisse,
9. Schlüsselergebnisse

die *Zielerreichung*. Mit Hilfe dieser neun Kriterien soll „der Fortschritt einer Organisation auf dem Weg zu Excellence bewertet werden" (EFQM 1999c, 9; s. Abb. 3.2).[13]

Jedes der neun Kriterien wird zunächst durch eine Definition seiner allgemeinen Bedeutung eingeleitet und dann in weitere „Teilkriterien", die es inhaltlich präzisieren, untergliedert (s. Abb. 3.3 bis 3.5). Bei der Durchführung einer Selbstbewertung mit Hilfe des EFQM-Modells stehen diese Teilkriterien im Mittelpunkt der Bearbeitung.[14]

---

13 Für diese Bewertung schlägt die EFQM folgende Gewichtungen der neun Kriterien vor: Führung 10%, Politik und Strategie 8%, Mitarbeiter 9%, Partnerschaften und Ressourcen 9%, Prozesse 14%, Mitarbeiterbezogene Ergebnisse 9%, Kundenbezogene Ergebnisse 20%, Gesellschaftsbezogene Ergebnisse 6% und Schlüsselergebnisse 15%. Damit nehmen die Befähiger- und die Ergebnis-Kriterien jeweils 50% ein.

14 Nach den Vorgaben der EFQM muß bei einer Selbstbewertung auf jedes dieser Teilkriterien eingegangen werden bzw. eine Nicht-Bearbeitung muß begründet werden. Die sogenannten „Orientierungspunkte" hingegen, die wiederum diese Teilkriterien näher erläutern, sind lediglich als Anregungen zu verstehen und können, müssen jedoch nicht aufgegriffen werden.

> **Abb. 3.3: Die Kriterien des EFQM-Modells für Excellence**

BEFÄHIGER

(1) Führung — „Wie Führungskräfte die Vision und die Mission erarbeiten und deren Erreichen fördern; wie sie die für den langfristigen Erfolg erforderlichen Werte erarbeiten, diese durch entsprechende Maßnahmen und Verhaltensweisen umsetzen und durch persönliches Mitwirken dafür sorgen, daß das Managementsystem der Organisation entwickelt und eingeführt wird."

(2) Politik und Strategie — „Wie die Organisation ihre Vision und Mission durch eine klare, auf die Interessengruppen ausgerichtete Strategie einführt und wie diese durch entsprechende Politik, Pläne, Ziele, Teilziele und Prozesse unterstützt wird."

(3) Mitarbeiter — „Wie die Organisation das Wissen und das gesamte Potential ihrer Mitarbeiter auf individueller, teamorientierter und organisationsweiter Ebene managt, entwickelt und freisetzt und wie sie diese Aktivitäten plant, um ihre Politik und Strategie und die Effektivität ihrer Prozesse zu unterstützen."

(4) Partnerschaften und Ressourcen — „Wie die Organisation ihre externen Partnerschaften und internen Ressourcen plant und managt, um ihre Politik und Strategie und die Effektivität ihrer Prozesse zu unterstützen."

(5) Prozesse — „Wie die Organisation ihre Prozesse gestaltet, managt und verbessert, um ihre Politik und Strategie zu unterstützen und ihre Kunden und andere Interessengruppen voll zufriedenzustellen und die Wertschöpfung für diese zu steigern."

ERGEBNISSE

(6) Kundenbezogene Ergebnisse — „Was die Organisation in Bezug auf ihre externen Kunden[*] erreicht."

(7) Mitarbeiterbezogene Ergebnisse — „Was die Organisation in Bezug auf ihre Mitarbeiter erreicht."

(8) Gesellschaftsbezogene Ergebnisse — „Was die Organisation in Bezug auf die lokale, nationale und internationale Gesellschaft, sofern angemessen, leistet."

(9) Schlüsselergebnisse — „Was die Organisation in Bezug auf ihre geplanten Leistungen erreicht."

Quelle: EFQM 1999c, 12ff.

---

[*] Die EFQM spricht im Kontext von Non-Profit-Organisationen von „externen Kunden". Darunter werden „Empfänger der Organisationstätigkeiten" verstanden (EFQM 1999c, 30).

> **Abb. 3.4:** Beispiel für die Struktur der ‚Befähiger'-Kriterien

Kriterium 5: Prozesse

Definition:

Wie die Organisation ihre Prozesse gestaltet, managt und verbessert, um ihre Politik und Strategie zu unterstützen und ihre Kunden und andere Interessengruppen voll zufriedenzustellen und die Wertschöpfung für diese zu steigern.

Teilkriterien:

5a) Prozesse werden systematisch gestaltet und gemanagt.

Dies *kann* folgendes umfassen:
- die Prozesse in der Organisation einschließlich derjenigen Schlüsselprozesse gestalten, die erforderlich sind, um Politik und Strategie zu realisieren;
- Schnittstellenbelange innerhalb der Organisation und mit externen Partnern lösen, um Prozesse durchgehend effektiv zu managen.

5b) Prozesse werden bei Bedarf verbessert, wobei Innovation genutzt wird, um Kunden und andere Interessengruppen voll zufriedenzustellen und die Wertschöpfung für diese zu steigern.

Dies *kann* folgendes umfassen:
- Verbesserungsmöglichkeiten und andere Veränderungen identifizieren und priorisieren;
- sicherstellen, daß die Mitarbeiter im Umgang mit neuen oder geänderten Prozessen geschult werden, bevor diese eingeführt werden.

5c) Produkte und Dienstleistungen werden aufgrund der Bedürfnisse und Erwartungen der Kunden entworfen und entwickelt.

Dies *kann* folgendes umfassen:
- Marktforschung, Kundenumfragen und jede Art von Feedback nutzen, um die gegenwärtigen und zukünftigen Bedürfnisse und Erwartungen der Kunden ... an Dienstleistungen festzustellen.

5d) Produkte und Dienstleistungen werden hergestellt, geliefert und betreut.

Dies *kann* folgendes umfassen:
- Dienstleistungen existierenden oder potentiellen Kunden bekannt machen, vermarkten und verkaufen.

5e) Kundenbeziehungen werden gepflegt und vertieft.

Dies *kann* folgendes umfassen:
- die Bedürfnisse von Kunden bei Kontakten im Tagesgeschäft ermitteln und erfüllen;
- proaktive Zusammenarbeit mit Kunden, um deren Bedürfnisse, Erwartungen und Sorgen zu erörtern und sich darum zu kümmern.

Quelle: EFQM 1999c, 20f.

> **Abb. 3.5: Beispiel für die Struktur der ‚Ergebnis'-Kriterien**

Kriterium 6: Kundenbezogene Ergebnisse

Definition:

Was die Organisation in Bezug auf ihre externen Kunden erreicht.

Teilkriterien:

6a) Meßergebnisse aus Kundensicht

Diese Meßergebnisse zeigen, wie die Kunden die Organisation wahrnehmen (z.B. anhand von Kundenumfragen, Fokusgruppen, Lieferantenbewertung der Kunden, Anerkennung und Beschwerden). Je nach Zweck der Organisation können Meßergebnisse aus Sicht der Kunden folgende Aspekte umfassen:

- Image insgesamt (z.B. Erreichbarkeit; Kommunikation; Flexibilität; proaktives Verhalten; Reaktionsfähigkeit; Fairneß, Höflichkeit und Verständnis)
- Produkte und Dienstleistungen (z.B. Qualität; Wertschöpfung; Zuverlässigkeit; Relevanz der Dienstleistung)
- Dienstleistungsbetreuung (z.B. Fähigkeiten und Verhalten der Mitarbeiter; Beratung und Unterstützung; Kundenunterlagen; Behandlung von Beschwerden)
- Loyalität (z.B. Absicht, die Dienstleistung erneut in Anspruch zu nehmen; Bereitschaft, die Organisation lobend zu erwähnen oder weiterzuempfehlen)

6b) Leistungsindikatoren

Dabei handelt es sich um interne Meßergebnisse, die die Organisation verwendet, um die Leistung zu überwachen, zu analysieren, zu planen und zu verbessern und um vorherzusagen, wie ihre externen Kunden die Leistung wahrnehmen. Je nach Zweck der Organisation können Leistungsindikatoren für Kunden folgende Aspekte umfassen:

- Image insgesamt (z.B. Berichterstattung in der Presse)
- Dienstleistungen (Wettbewerbsfähigkeit, Preis-/Leistungsverhältnis; Fehlerraten; Leistung im Vergleich mit Kundenzielen; Beschwerden; Entwicklungszeit bis zur Markteinführung)
- Dienstleistungsbetreuung (z.B. Beschwerdebearbeitung)
- Loyalität (z.B. Kundenbindung; wirksame Weiterempfehlungen)

Quelle: EFQM 1999c, 22f.

Der Zusammenhang zwischen Befähiger-Kriterien, Ergebnis-Kriterien und der kontinuierlichen Verbesserung der Organisation („Innovation und Lernen") wird in der graphischen Darstellung des ‚EFQM-Modells für Excellence' (s. Abb. 3.2) durch die Andeutung eines entsprechenden Kreislaufs zum Ausdruck gebracht. Diese zyklische Darstellung soll verdeutlichen, „daß Innovationen und Lernen die Befähiger verbessern, was wiederum zu verbesserten Ergebnissen führt" (EFQM 1999c, 9). Damit folgt das EFQM-Modell einem Regelkreisverständnis.

Die RADAR-Logik

Um eine Bewertung der Aussagen zu den einzelnen Kriterien im Hinblick auf den *Grad der ‚Excellence'* vornehmen zu können, stellt das EFQM-Modell das Konzept der sog. ‚RADAR-Logik' zur Verfügung. Dieses stellt neben dem oben dargestellten Kriterienkatalog ebenfalls ein Kernstück des EFQM-Modells dar. Die ‚RADAR-Logik' fragt nach der *Systematik* der unter den einzelnen (Teil-)Kriterien beschriebenen Vorgehensweisen, d.h. danach, ob es sich um unkoordinierte Adhoc-Maßnahmen oder um ein zielorientiertes, planvolles und kontrolliertes Vorgehen handelt.

Die ‚RADAR-Logik' ist zyklisch aufgebaut und setzt sich aus den Elementen

- **R**esults (Ergebnisse)
- **A**pproach (Vorgehen)
- **D**eployment (Umsetzung)
- **A**ssessment and **R**eview (Bewertung und Überprüfung)

zusammen (s. Abb. 3.6).

Sie unterstellt damit, daß sich ein ‚qualitätvolles' Vorgehen einer Organisation dadurch auszeichnet, daß eine Organisation

– die Ergebnisse bestimmt, die sie mit ihrer langfristigen Strategie und ihren Prozessen erreichen möchte,
– auf dieser Basis Vorgehensweisen/Lösungswege entwickelt und plant,
– diese dann systematisch umsetzt und
– Vorgehen und Umsetzung im Hinblick auf die Zielerreichung bewertet und überprüft (vgl. EFQM 1999c, 10).

Abb. 3.6: Die RADAR-Logik

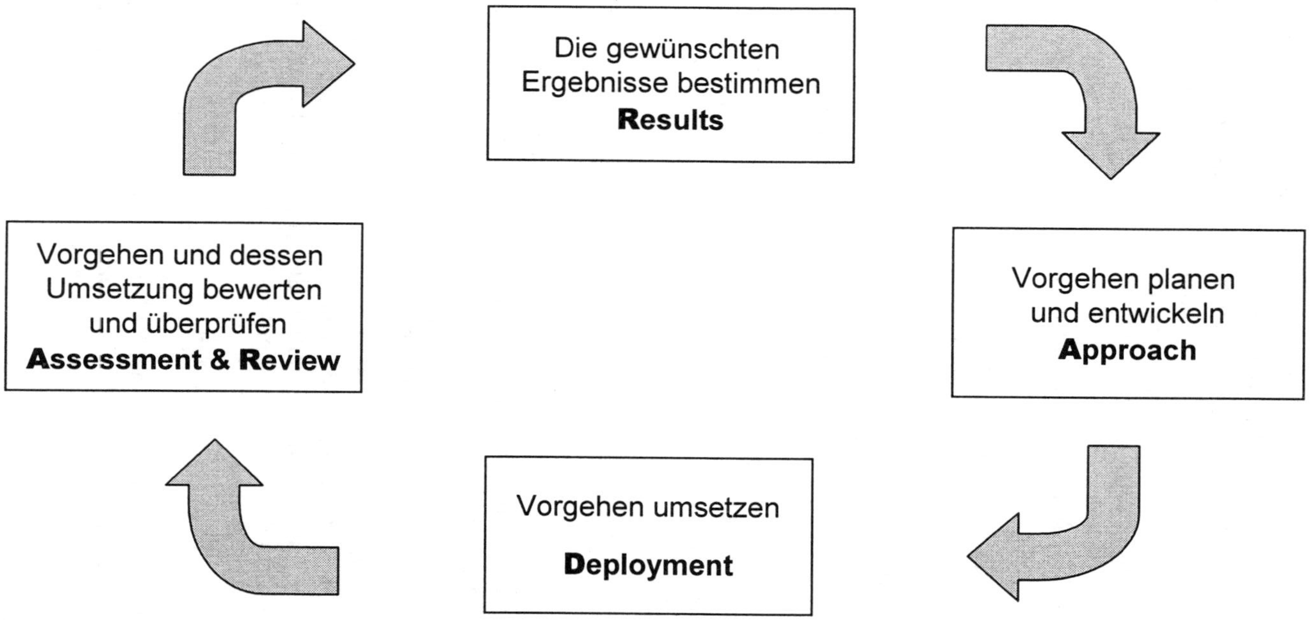

Vorgehen planen und entwickeln **Approach**

Vorgehen umsetzen **Deployment**

Vorgehen und dessen Umsetzung bewerten und überprüfen **Assessment & Review**

Die gewünschten Ergebnisse bestimmen **Results**

Quelle: EFQM 1999c, 10

Wird Verbesserungsbedarf festgestellt, ist dieser Zyklus erneut zu durchlaufen, und es wird ein spiralförmiger Prozeß der kontinuierlichen Verbesserung in Gang gesetzt.

Die ‚RADAR-Logik' knüpft damit an phasenorientierte Kreislaufmodelle zur Lösung von komplexen Problemen an, auf die auch im Projektmanagement, im Controlling oder bei der Organisationsentwicklung zurückgegriffen wird (s.a. Kap. 4).

Bei der Bewertung der ‚Excellence' einer Organisation anhand der ‚RADAR-Logik' werden im Hinblick auf die *Befähiger-Kriterien* folgende Fragen aufgeworfen:

– Ist das Vorgehen/der Lösungsweg klar begründet und auf die Interessengruppen ausgerichtet? Sind die zugehörigen Prozesse definiert? Unterstützt das Vorgehen die Ziele und Strategien der Organisation?
– Wird das Vorgehen strukturiert/systematisch umgesetzt?
– Wird der Grad der Zielerreichung (Effektivität) des Vorgehens und seiner Umsetzung regelmäßig ‚gemessen'? Gibt es Lernaktivitäten? Werden Lernaktivitäten genutzt, um über Verbesserungsmöglichkeiten nachzudenken? Werden die Ergebnisse der ‚Messungen' und der Lernaktivitäten ausgewertet und für Verbesserungsaktivitäten genutzt? (Vgl. EFQM 1999c, 35f.)

Für die Bewertung der *Ergebnisse* einer Organisation wird

– nach positiven Trends,
– nach der Effektivität (Grad der Zielerreichung),
– nach dem Abschneiden im Vergleich zu den Ergebnissen der Vorjahre bzw. zu den Ergebnissen ähnlicher Organisationen und
– nach dem Ursache-Wirkungs-Zusammenhang zwischen Vorgehen und erreichten Ergebnissen

gefragt (EFQM 1999c, 34ff.)

Mit Hilfe einer Skala von 0% bis 100% soll dann ‚gemessen' werden, inwieweit die durch die ‚RADAR-Logik' aufgeworfenen Fragen bei den einzelnen Teilkriterien erfüllt sind.

Formen der Selbstbewertung

Für die Durchführung einer Selbstbewertung bieten sich gemäß EFQM verschiedene *methodische Vorgehensweisen* an. Sie unterscheiden sich im Hinblick darauf, ob externe Assessoren einbezogen werden oder nicht, sowie im Hinblick auf den Schulungs-, Zeit- und Ressourcenaufwand.

Als das aufwendigste Verfahren kann eine Simulation (oder Teilnahme an) einer Bewerbung um den Europäischen Qualitätspreis angesehen werden, bei der EFQM-Assessoren herangezogen werden müssen. Dieses Verfahren erlaubt zugleich einen Vergleich mit anderen Organisationen, die sich um den Qualitätspreis beworben haben.

Weitere, weniger kosten- und ressourcenintensive Vorgehensweisen sind u.a.

- Selbstbewertungen mittels Standardformularen, die von Mitarbeiterinnen bearbeitet und Assessoren ausgewertet werden,
- Selbstbewertungen mittels Fragebögen, die mit Skalierungen arbeiten und von Mitarbeiterinnen ausgefüllt werden und
- Selbstbewertungen mit Hilfe von Workshops, in denen Teams auf das ‚EFQM-Modell für Excellence' geschult und anhand der oben dargestellten Leitfäden eine Selbstbewertung durchführen.

3.2 EFQM-orientierte Organisationsdiagnose für die Familienbildung

3.2.1 Begründungen für die Anlehnung an das EFQM-Modell sowie für dessen Modifizierung

Es war uns ein Anliegen, der Organisationsdiagnose für alle Einrichtungen eines Einrichtungstypus ein gleichlautendes Modell zugrundezulegen. Eine gemeinsame Systematik und eine daraus abgeleitete gemeinsame Sprache erleichtert die Kommunikation unter den Einrichtungen und ermöglicht es ihnen, sich sowohl inhaltlich als auch im Hinblick auf die Bewertung von Qualität aufeinander zu beziehen.

Ausschlaggebend für die Entscheidung zugunsten einer EFQM-orientierten Organisationsdiagnose für die Familienbildung waren insbesondere folgende Gründe:

- Das EFQM-Modell bezieht sich auf die Qualität der *gesamten Organisation*. Gleichzeitig erlaubt es eine Einbeziehung von fachspezifischen bzw. professionellen Kriterien: So kann z.B. beim Kriterium ‚Prozesse' ein Fokus auf die pädagogisch-didaktische Gestaltung von Kursen gesetzt werden.

- Das EFQM-Modell mißt der Beteiligung und Förderung der *Mitarbeiterinnen* großes Gewicht bei. Danach trägt die Partizipation der Mitarbeiterinnen wesentlich dazu bei, daß diese sich in ihrer Arbeit engagieren und dadurch bessere Ergebnisse erzielt werden. Darüber hinaus kann durch die Förderung ihrer Kompetenzen ein Zuwachs an Know-how und Wissensaustausch in der Organisation erreicht werden. Eine solche mitarbeiterorientierte Sichtweise erachten wir im Kontext von organisationalem Lernen als sehr wichtig.
- Das EFQM-Modell ist sowohl *prozeß-* als auch *ergebnisorientiert*. Prozeßorientierung geht von der Annahme aus, daß qualitätvolle Prozesse – im Bereich der Familienbildung z.b. die Programmplanung oder die Vorbereitung eines Kurses – zu einem ‚guten' Produkt führen. Im Mittelpunkt steht also Fehlervermeidung bzw. vorausschauendes Handeln. Mit ‚ergebnisorientiert' ist gemeint, daß das EFQM-Modell auch nach den tatsächlich erreichten Zielen fragt.
- Das EFQM-Modell rückt *Selbstbewertung* und damit die *Sensibilisierung für Qualitätsentwicklung* in den Mittelpunkt. Dies ist, abgesehen von der Kostenfrage, als ein wesentlicher Vorteil gegenüber Fremdevaluation anzusehen. Bei ausschließlicher Fremdevaluation besteht die Gefahr, daß sich Organisationen zu sehr darauf konzentrieren, die Anforderungen ihrer Zertifizierer (wie z.B. das Erstellen eines Qualitätsmanagement-Handbuches) zu erfüllen und weniger darauf, Qualitätsentwicklung in ihrer Organisation voranzutreiben und mit Leben zu füllen. Durch die Fokussierung auf Selbstbewertung nimmt das EFQM-Modell gleichzeitig die Autonomie von Bildungseinrichtungen ernst, indem es „ihre Fähigkeit, die Qualität selber zu regulieren [fördert] und eine entsprechende Kultur [stärkt]" (Frey 1997, 174).
- Das EFQM-Modell basiert auf einem Qualitätsverständnis, das sich an den Erwartungen und Anforderungen der beteiligten Interessengruppen einer Organisation – bei Einrichtungen der Familienbildung zählen hierzu insbesondere die Teilnehmenden, die Mitarbeiterinnen, der Träger, die Geldgeber und der Gesetzgeber – orientiert. Dementsprechend gibt das EFQM-Modell keine von außen festgelegten Qualitätsstandards vor, denen ‚blind' gefolgt werden kann bzw. soll. Vielmehr können *einrichtungsspezifische* Qualitätsstandards (im Sinne von definierten Vorgehensweisen) entwickelt und gegebenenfalls gewandelten Bedingungen angepaßt werden.

- Das EFQM-Modell berücksichtigt mit seinen acht Grundsätzen des Qualitätsmanagements (s. Kap. 3.1) umfassend die aktuelle Managementdiskussion.
- Das EFQM-Modell stellt ein europaweit anerkanntes und in der Erwachsenenbildung inzwischen verbreitetes Qualitätsmodell dar und bietet damit auch die Möglichkeit, die Bemühungen um Qualitätsverbesserung in geeigneter Weise zu vermarkten.

Trotz der genannten Vorzüge übernehmen wir das ‚EFQM-Modell für Excellence' nicht unkritisch:

- Unter einer systematischen Perspektive läßt sich kritisieren, daß die acht Grundkonzepte des EFQM-Modells zwar plausibel, deren theoriebezogene Herleitung sowie generelle Akzeptanz bei Betrieben bzw. Organisationen jedoch nicht belegt sind. Ebensowenig ist die Systematik der neun Kriterien sowie die Ausgestaltung der einzelnen Kriterien theoretisch hergeleitet bzw. begründet. Darüber hinaus lassen sich die ‚Befähiger'-Kriterien einerseits und die ‚Ergebnis'-Kriterien andererseits nicht eindeutig aufeinander abbilden, d.h. sie sind nicht spiegelbildlich aufgebaut.
- Der in Abschnitt 3.1 dargestellte Kriterienkatalog des EFQM-Modells einschließlich der Teilkriterien und Orientierungspunkte ist sehr stark ausdifferenziert. Die Bearbeitung aller Teilkriterien ist mit einem hohen Zeitaufwand und daher mit einer aus unserer Sicht zu umfangreichen Analyse-Phase verbunden.
- Das dem EFQM-Modell zugrundeliegende Menschenbild ist nach unserer Auffassung im Sinne eines ‚Veränderungsoptimismus' idealistisch überzeichnet. So weisen auch andere Autoren z.B. beim Grundkonzept der Mitarbeiterbeteiligung darauf hin, daß dessen Umsetzung in die Praxis hierarchische Strukturen nicht außer Kraft setzt. Vielmehr wird betont, daß „die Erweiterung des Aktionsradius des Einzelnen klar mit den noch bestehenden hierarchischen Grenzen abgestimmt" (Otto 1999, 10) und entsprechend kommuniziert werden muß.

Unter Abwägung der Vor- und Nachteile erscheint uns dennoch das EFQM-Modell als Grundlage für eine Organisationsdiagnose für Einrichtungen der Familienbildung sehr gut geeignet. Bei der Konstruktion unserer Leitfäden (s. Abb. 3.7) haben wir unter pragmatischen Gesichtspunkten einige Modifikationen vorgenommen, die im folgenden Abschnitt erläutert werden.

3.2.2 Konstruktionsprinzipien der Leitfäden und Durchführung der Organisationsdiagnose

In Anlehnung an das EFQM-Modell wurde für jedes der neun Kriterien ein Leitfaden zur organisationsbezogenen Stärken-Schwächen-Analyse entwickelt. Für die Erstellung eines Stärken-Schwächen-Profils wurde darüber hinaus ein Arbeitsbogen für eine Gesamtbilanz entworfen, mit dessen Hilfe die Bewertungen zu den einzelnen Kriterien gebündelt werden können.

Im folgenden werden die Konstruktionsprinzipien der Leitfäden und der Gesamtbilanz erläutert. Anschließend wird auf die Bearbeitungsschritte eingegangen, die wir für die Durchführung einer Stärken-Schwächen-Analyse anhand der skizzierten Materialien empfehlen.

Konstruktionsprinzipien der Leitfäden

Systematik der Kriterien
Die Systematik der Kriterien orientiert sich weitgehend an den neun Kriterien des EFQM-Modells. Kleinere Änderungen beziehen sich auf die Reihenfolge der Kriterien sowie auf deren Bezeichnungen.

Im Hinblick auf die *Reihenfolge* haben wir anstelle des Kriteriums ‚Leitung' das Kriterium ‚Ziele und Strategien' als erstes aufgeführt (s. Abb. 3.7). Ausschlaggebend hierfür war die Überlegung, daß eine Thematisierung der Leitung als Einstieg in eine Organisationsdiagnose sich als problematisch, im ungünstigsten Falle gar als konfliktträchtig erweisen könnte und unter Umständen nicht gerade die Motivation und Offenheit für eine produktive Qualitätsarbeit erhöht. Auch aus systematischen Gründen ist es durchaus plausibel, beim Einstieg in eine Organisationsdiagnose, wie sie die Stärken-Schwächen-Analyse darstellt, zunächst das Augenmerk auf die langfristigen Ziele und Strategien der Organisation zu richten.

Im Hinblick auf die *Bezeichnungen* der Kriterien wurden die ‚Befähiger'-Kriterien aus sprachlich-ästhetischen Gründen in „Potential-Kriterien" umbenannt. Des weiteren wurden die Bezeichnungen für die einzelnen Kriterien – wie im folgenden detailliert erläutert wird – der Verwendungssituation im Weiterbildungsbereich angepaßt (s. Abb. 3.7).

Bei den *Potential-Kriterien* steht die Frage im Mittelpunkt, *wie* eine Einrichtung vorgeht, um Qualität zu gewährleisten. Im folgenden werden diese Kriterien – und gegebenenfalls von uns vorgenommene Modifikationen gegenüber dem Originalmodell – näher erläutert:

- Das Kriterium ‚Politik und Strategie' des EFQM-Modells wurde in unseren Leitfäden in ‚*Ziele und Strategien*' umbenannt. Bei diesem Kriterium geht es vor allem darum, an welchen Grundsätzen sich eine Einrichtung orientiert, welche langfristigen Ziele und Strategien sie verfolgt und wie sie dabei die Erwartungen der Teilnehmenden, aber auch der (öffentlichen) Geldgeber und des Trägers berücksichtigt.
- Das Kriterium ‚*Leitung*' lenkt den Blick auf die besondere Verantwortung der Leitungsebene (Leitung, stellvertretende Leitung, Fachbereichsleitung) für die Qualitätspolitik einer Einrichtung. Abweichend vom EFQM-Modell wurde der Begriff ‚Führung' hier durch den im Bildungsbereich gängigeren Begriff der ‚Leitung' ersetzt.
- Beim Kriterium ‚*Mitarbeiter/-innen*' geht es vor allem darum, wie die Kompetenzen der Mitarbeiterinnen, einschließlich der Honorarkräfte, genutzt und gefördert werden.
- Im Vordergrund des Kriteriums ‚*Ressourcen & Kooperationspartner*' steht der Umgang mit Finanzen, räumlicher-technischer Ausstattung und Informationen sowie die Gestaltung von Vernetzungen und Kooperationen, durch die z.B. Kosten geteilt, Informationen gewonnen und/oder der Bekanntheitsgrad der Einrichtung erhöht werden kann.
Im Vergleich zum EFQM-Modell wurde die Reihenfolge der beiden Begriffe dieses Kriteriums vertauscht, da nach unserer Auffassung bislang der Umgang mit Ressourcen – zumindest im Bildungsbereich – für den Zustand einer Organisation eine größere Bedeutung hat als der Umgang mit Partnern. Der Begriff ‚Partnerschaften' wurde durch den in der Familienbildung gebräuchlicheren Begriff der ‚Kooperationspartner' ersetzt.
- Beim Kriterium ‚*Prozesse*' geht es darum, sich zunächst bewußt zu machen, welches die Kernprozesse der eigenen Einrichtung sind, d.h. welche Prozesse ‚Wertschöpfung' bzw. Nutzen für die Teilnehmenden erzeugen. In einem weiteren Schritt geht es um die Gestaltung und Weiterentwicklung dieser Prozesse. Zu den Kernprozessen von Weiterbildungseinrichtungen zählen in der Regel z.B. die Programmplanung, die methodisch-didaktische Gestaltung von Kursen oder das Kursanmeldeverfahren.

Bei den *Ergebnis-Kriterien* steht die Frage im Mittelpunkt, *was* eine Einrichtung mit ihren Qualitätsanstrengungen erreicht hat. Dabei wird generell davon ausgegangen, daß die Ziele, deren Erreichung überprüft wird, im Kontext der Potential-Kriterien formuliert worden sind.

- Das Kriterium ‚Kundenbezogene Ergebnisse' des EFQM-Modells haben wir in unseren Leitfäden in ‚*Teilnehmer-/kundenbezogene Ergebnisse'* umbenannt. Bei diesem Kriterium geht es insbesondere darum, inwieweit eine Einrichtung ihre Ziele erreicht hat, die sie sich im Hinblick auf die Teilnehmenden, aber auch im Hinblick auf (öffentliche) Geldgeber und/oder den Träger gesteckt hatte.
Inwiefern sich ein ursprünglich aus dem Produktionssektor stammender Kundenbegriff, wie er auch dem EFQM-Modell zugrunde liegt, auf den Bereich der außerschulischen Bildung und der Familienbildung im speziellen übertragen läßt, ist vielfach diskutiert worden. In diesem Zusammenhang wird insbesondere auf die Spezifika personenbezogener Dienstleistungen, zu denen auch der Bereich der Familienbildung zählt, verwiesen. ‚Kunden' personenbezogener Dienstleistungen sind in der Regel, anders als bei der Herstellung von Gütern, aktiv in die Herstellung der Leistung involviert, d.h. ohne sie entsteht kein fertiges ‚Produkt'. Teilnehmende eines Kurses zum Beispiel sind selbst interaktiv am Lernprozeß beteiligt und beeinflussen somit dessen Qualität sowie dessen ‚Lernerfolg' wesentlich.
Des weiteren werden durch die Doppel-Bezeichnung bei dem Kriterium ‚Teilnehmer-/kundenbezogene Ergebnisse' zwei unterschiedliche Perspektiven gegenüber den Teilnehmerinnen von Einrichtungen der Familienbildung (und außerschulischen Bildungseinrichtungen generell) aufgegriffen: eine stärker marktorientierte (Kundenorientierung) und eine stärker an einem emanzipatorischen und/oder subjektbezogenen Bildungsansatz orientierte Perspektive (Teilnehmerorientierung).
- Beim Kriterium ‚*Mitarbeiterbezogene Ergebnisse'* wird danach gefragt, inwieweit eine Einrichtung ihre unter dem Potential-Kriterium ‚Mitarbeiterinnen' formulierten Ziele erreicht hat. Damit ist bei diesem Ergebnis-Kriterium eine unmittelbare Korrespondenz zu einem Potential-Kriterium gegeben.
- Das Kriterium ‚*Gesellschaftsbezogene Ergebnisse'* rückt die gesellschaftliche Verantwortung einer Einrichtung in den Mittelpunkt und fragt danach, inwieweit diese ihre Ziele z.B. im Hinblick auf die Beteiligung am familienpolitischen oder fachlichen Diskurs, die Mitarbeit in Gremien, ihr Image in der Öffentlichkeit und/oder den Umgang mit Energie erreicht hat.
- Beim Kriterium ‚*Schlüsselergebnisse'* werden weitere, für die Einrichtung wichtige Ergebnisse in den Blick genommen. Welche dies

konkret sind, kann je nach der spezifischen Situation der individuellen Einrichtung variieren. Häufig wird es sich hierbei um pädagogische und/oder wirtschaftliche Ziele, wie z.b. das Erreichen bestimmter Zielgruppen oder den Ausbau der eigenen Marktposition, handeln. Auch hier wird davon ausgegangen, daß die entsprechenden Ziele der Einrichtung im Kontext der Potential-Kriterien, insbesondere der unter Kriterium (1) formulierten Grundsätze, langfristigen Ziele und Strategien, abgesteckt worden sind.

Untergliederung der Potential-Kriterien
Bei unserer Ausgestaltung der Potential-Kriterien (s. Abb. 3.7 und 3.8) wird einer Orientierung an regelkreisförmigen Problemlöseprozessen (bzw. der ‚RADAR-Logik') ein höherer Stellenwert beigemessen als einer inhaltlichen Orientierung, wie sie bei den Teilkriterien und Orientierungspunkten des EFQM-Modells dominiert. Entsprechend werden die Potential-Kriterien in die Teilaspekte (1) Ziele, (2) Lösungswege/Maßnahmen, (3) Überprüfung und (4) Weiterentwicklung untergliedert. Dabei verweist der Teilaspekt ‚Ziele' auf die Phase der Zielklärung, der Teilaspekt ‚Lösungswege/Maßnahmen' auf den Prozeß der Suche und Auswahl von Lösungsmöglichkeiten sowie auf die Planung von deren Umsetzung, der Teilaspekt ‚Überprüfung' auf die Durchführung von konkreten Maßnahmen und deren begleitendes Controlling und der Teilaspekt ‚Weiterentwicklung' auf das Ableiten von Verbesserungsmöglichkeiten. Diese wiederum können Anlaß für ein erneutes Durchlaufen der Zielklärung und der nachfolgenden Schritte und damit Ausgangspunkt für einen spiralförmigen Prozeß der kontinuierlichen Verbesserung sein.

Die skizzierten Teilaspekte der Potential-Kriterien werden in den Leitfäden jeweils durch ein *Beispiel* aus dem Bereich der Familienbildung illustriert. Dadurch soll eine stärkere Konkretisierung und Praxisnähe der Leitfäden erreicht werden.

Aus *systematischen* Gründen wird einer an regelkreisförmigen Problemlöseprozessen orientierten Binnenstruktur der Potential-Kriterien der Vorzug gegeben, weil eine solche Struktur

– für ein „Denken in Kreislauf- und Systemzusammenhängen (‚Qualitätskreis')" sensibilisiert (vgl. Gnahs 1999, 16),
– dazu beiträgt, daß nicht nur die Phasen der Zielsetzung und Planung, sondern auch die der Durchführung und des begleitenden Controllings systematisch bearbeitet werden,

- das Ingangsetzen eines kontinuierlichen Verbesserungsprozesses in den Einrichtungen begünstigt und
- weil damit sowohl bei der Stärken-Schwächen-Analyse als auch bei der Durchführung der Vorhaben zur Qualitätsverbesserung (s. Kap. 4.2) dieselbe Konzeption zugrunde gelegt werden kann.

Unter *pragmatischen* Gesichtspunkten trägt die an Problemlöseprozessen orientierte Untergliederung der Potential-Kriterien dazu bei, den Umfang des Fragenkatalogs zu den einzelnen Kriterien zu reduzieren und zu vereinheitlichen. Dadurch wird bei unserer Organisationsdiagnose im Vergleich zum Originalmodell eine weitere Reduzierung der Komplexität erreicht und die Beantwortung der Leitfäden erleichtert und zeitlich verkürzt.

Bilanz
Die Statements zur Bilanz stellen ein weiteres Element der Leitfäden zur Organisationsdiagnose dar (s. Abb. 3.7). Sie beziehen sich jeweils auf die einzelnen Teilaspekte der Potential- bzw. Ergebnis-Kriterien. Mit ihrer Hilfe kann eine *Bewertung* bezogen auf die einzelnen Teilaspekte vorgenommen werden. Außerdem dienen sie als ‚Folie' für die spätere Auswahl von Vorhaben zur Qualitätsverbesserung.

Bei der Bilanz zu den einzelnen Potential-Kriterien wird danach gefragt, inwieweit

- die Ziele im Hinblick auf das jeweilige Kriterium klar und gut begründet sind,
- die Lösungswege/Maßnahmen zur Erreichung dieser Ziele systematisch geplant werden,
- die Durchführung regelmäßig überprüft und
- ggf. Ziele, Lösungswege/Maßnahmen und Formen der Überprüfung weiterentwickelt werden.

Eine entsprechende Bewertung kann anhand einer vierstufigen Skala – von „trifft voll und ganz zu" bis „trifft gar nicht zu" – vorgenommen werden.

Stärken und Verbesserungsbereiche
Erfahrungsgemäß ergeben sich im Laufe der Bearbeitung eines Kriteriums Anhaltspunkte zu *Stärken* und *Verbesserungsbereichen* der Einrichtung. Damit diese nicht verloren gehen, ist im Anschluß an die Bilanz Platz für entsprechende Notizen vorgesehen.

Abb. 3.7: Leitfäden zu den 9 Qualitätskriterien

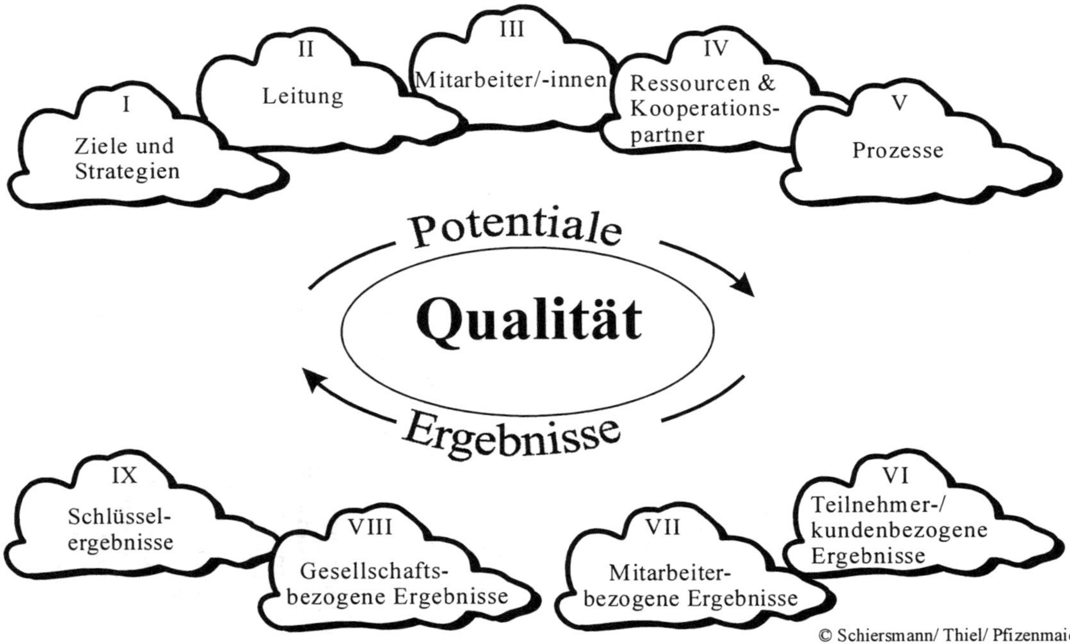

- I Ziele und Strategien
- II Leitung
- III Mitarbeiter/-innen
- IV Ressourcen & Kooperationspartner
- V Prozesse

Potentiale → **Qualität** → Ergebnisse

- VI Teilnehmer-/kundenbezogene Ergebnisse
- VII Mitarbeiterbezogene Ergebnisse
- VIII Gesellschaftsbezogene Ergebnisse
- IX Schlüsselergebnisse

© Schiersmann/Thiel/Pfizenmaier 2001

1 Ziele und Strategien

Potentiale → Qualität → Ergebnisse

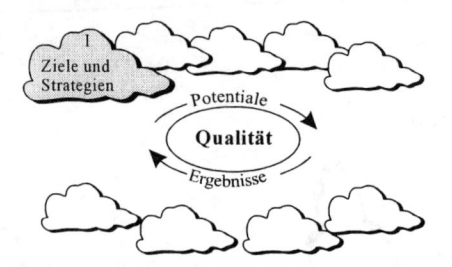

1) Ziele

- **Was sind die Grundsätze, langfristigen Ziele und Strategien der Einrichtung?**
  (Unter Berücksichtigung von Erwartungen der Teilnehmenden, der (öffentlichen) Geldgeber und des Trägers)
  z.B. Toleranz zwischen Menschen unterschiedlicher kultureller Herkunft als gesellschaftliches Ziel
- **Wie werden diese begründet?**
  z.B. Familien können wesentlich zur Stärkung der Toleranz gegenüber anderen Kulturen beitragen.

2) Lösungswege/ Maßnahmen

- **Was sind die Lösungswege/ Maßnahmen zur Erreichung der langfristigen Ziele? Wie wird deren Auswahl begründet?**
  z.B. Ausbau von Bildungsangeboten zum interkulturellen Austausch zwischen Familien im Stadtteil. Kontakte und Kenntnisse über ‚fremde' Kulturen fördern eine gegenseitige Toleranz.
- **Wie wird deren Umsetzung geplant?**
  z.B. Gründung einer Arbeitsgemeinschaft mit anderen Einrichtungen im Stadtteil, die ein Angebotsprofil plant.

3) Überprüfung

- **Wie wird der Prozeß der Durchführung überprüft?**
  z.B. Feedback über den Fortschritt auf den Treffen der Arbeitsgemeinschaft

4) Weiterentwicklung

- **Wie werden gegebenenfalls die Grundsätze und langfristigen Ziele, die Lösungswege/ Maßnahmen und Formen der Überprüfung weiterentwickelt?**
  z.B. Kooperation mit familien- und ausländerbezogenen Institutionen im weiteren regionalen Umfeld

Bilanz	Trifft gar nicht zu	Trifft weniger zu	Trifft überwiegend zu	Trifft voll und ganz zu
(1) Die Grundsätze, langfristigen Ziele und Strategien der Einrichtung sind klar und gut begründet. Sie berücksichtigen die Erwartungen der Teilnehmenden, der (öffentlichen) Geldgeber und des Trägers.	☐	☐	☐	☐
(2) Die Lösungswege/ Maßnahmen zur Erreichung der langfristigen Ziele der Einrichtung werden systematisch geplant.	☐	☐	☐	☐
(3) Die Durchführung wird regelmäßig überprüft.	☐	☐	☐	☐
(4) Gegebenenfalls werden Ziele, Lösungswege/ Maßnahmen und Formen der Überprüfung weiterentwickelt.	☐	☐	☐	☐

Was fällt auf?

Stärken   Verbesserungsbereiche

_____   _____

_____   _____

_____   _____

_____   _____

_____   _____

Themen-Pool:
Leitbild; Erwartungen relevanter Interessengruppen an die Einrichtung (z.B. Teilnehmende, Geldgeber, Träger, Gesetzgeber); Bedarfs-/Marktanalyse; Portfolio-Analyse; Ausrichtung der langfristigen Programmplanung bzw. Profil des Angebots; pädagogische und finanzielle Absicherung der Einrichtung; Politik der kontinuierlichen Verbesserung; Organisationsentwicklung (OE)...

© Schiersmann / Thiel / Pfizenmaier 2001

II Leitung

Potentiale → Qualität → Ergebnisse

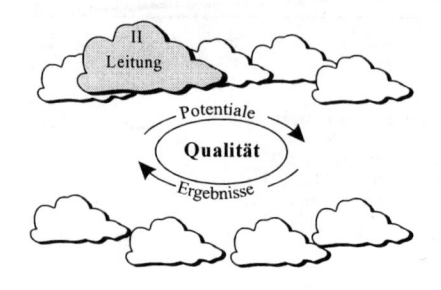

1) Ziele

- **Welche Ziele verfolgt die Leitungsebene (Leitung, stellvertretende Leitung, Fachbereichsleitung) insbesondere im Hinblick auf die Qualitätspolitik der Einrichtung?**
  z.B. Entwicklung von mehr Verantwortung für Qualitätsfragen bei den Mitarbeiter/-inne/n
- **Wie werden diese begründet?**
  z.B. Unterstützung der Leitung zur Qualitätsentwicklung in verschiedenen Fachbereichen

2) Lösungswege/ Maßnahmen

- **Was sind die Lösungswege/ Maßnahmen zur Zielerreichung? Wie wird deren Auswahl begründet?**
  z.B. Einsetzen einer Qualitätsgruppe, um unterschiedliche Mitarbeitergruppen an der Qualitätsentwicklung zu beteiligen.
- **Wie wird deren Umsetzung geplant?**
  z.B. Besprechung des Vorgehens in einer Mitarbeiterbesprechung

3) Überprüfung

- **Wie wird der Prozeß der Durchführung überprüft?**
  z.B. Regelmäßige Reflexion des Vorgehens in der Qualitätsgruppe und auf Mitarbeiterbesprechungen

4) Weiterentwicklung

- **Wie werden gegebenenfalls Ziele, Lösungswege/ Maßnahmen und Formen der Überprüfung weiterentwickelt?**
  z.B. Unterstützung der Qualitätsgruppe durch Fortbildung und Beratung

	Bilanz	Trifft gar nicht zu	Trifft weniger zu	Trifft überwiegend zu	Trifft voll und ganz zu
(1)	Die Ziele der Leitungsebene insbesondere im Hinblick auf die Qualitätspolitik sind klar und gut begründet.	❏	❏	❏	❏
(2)	Die Lösungswege/ Maßnahmen zur Erreichung der Qualitätsziele werden systematisch geplant.	❏	❏	❏	❏
(3)	Die Durchführung wird regelmäßig überprüft.	❏	❏	❏	❏
(4)	Gegebenenfalls werden Ziele, Lösungswege/ Maßnahmen und Formen der Überprüfung weiterentwickelt.	❏	❏	❏	❏

Was fällt auf?

Stärken   Verbesserungsbereiche

_____   _____

_____   _____

_____   _____

_____   _____

_____   _____

Themen-Pool:
Austausch der Leitungsebene mit Mitarbeiter/-inne/n , Teil-nehmenden, dem Träger, Geldgebern, Kooperationspartnern, Experten zu qualitätsrelevanten Fragen ; Bekannt machen der Qualitätspolitik der Einrichtung durch die Leitungsebene; Mitwirkungsmöglichkeiten der Mitarbeiter/-innen an Verbesserungsaktivitäten; Anerkennung der Bemühungen um Qualitätsverbesserung seitens der Mitarbeiter/-inne/n (einschl. Kursleiter/-inne/n) durch die Leitungsebene; Delegation von Aufgaben; Leitungskompetenzen; Fortbildung der Leitungsebene...

© Schiersmann / Thiel / Pfizenmaier 2001

III
Mitarbeiter/-innen

Potentiale → Qualität ← Ergebnisse

1) Ziele

- **Welche Ziele verfolgt die Einrichtung bei der Nutzung und Förderung der Kompetenzen ihrer Mitarbeiter/-innen (einschließlich der Honorarkräfte)?**
  z.B. Beteiligung der Mitarbeiter/-innen an Entscheidungsprozessen
- **Wie werden diese begründet?**
  z.B. Interesse der Mitarbeiter/-innen an mehr Eigenverantwortung

2) Lösungswege/ Maßnahmen

- **Was sind die Lösungswege/ Maßnahmen zur Zielerreichung? Wie wird deren Auswahl begründet?**
  z.B. Einführung regelmäßiger Mitarbeiterbesprechungen.
- **Wie wird deren Umsetzung geplant?**
  z.B. Zeitliche und inhaltliche Festlegung der Mitarbeiterbesprechungen

3) Überprüfung

- **Wie wird der Prozeß der Durchführung überprüft?**
  z.B. Regelmäßiges Feedback auf den Mitarbeiterbesprechungen

4) Weiterentwicklung

- **Wie werden gegebenenfalls Ziele, Lösungswege/ Maßnahmen bzw. Formen der Überprüfung weiterentwickelt?**
  z.B. Anreize schaffen zur höheren Anwesenheit

	Bilanz	Trifft gar nicht zu	Trifft weniger zu	Trifft überwiegend zu	Trifft voll und ganz zu
(1)	Die mitarbeiterbezogenen Ziele sind klar und gut begründet.	☐	☐	☐	☐
(2)	Die Lösungswege/ Maßnahmen zur Erreichung der mitarbeiterbezogenen Ziele werden systematisch geplant.	☐	☐	☐	☐
(3)	Die Durchführung wird regelmäßig überprüft.	☐	☐	☐	☐
(4)	Gegebenenfalls werden Ziele, Lösungswege/ Maßnahmen und Formen der Überprüfung weiterentwickelt.	☐	☐	☐	☐

Was fällt auf?

Stärken   Verbesserungsbereiche

_____   _____
_____   _____
_____   _____
_____   _____
_____   _____

Themen-Pool:
Mitarbeiterauswahl und Anstellung; Aufgabenverteilung (z.B. Stellenbeschreibung, Zielvereinbarung); Mitarbeiterbeurteilung ; Kompetenzprofile; Fort- und Weiterbildung; Übernahme von Verantwortung; Kommunikationsstrukturen; Teamentwicklung; Vergütung; Sozialleistungen; Arbeitszeitregelung; Anerkennung ...

© Schiersmann / Thiel / Pfizenmaier 2001

IV Ressourcen und Kooperationspartner

Potentiale → **Qualität** ← Ergebnisse

1) Ziele
- **Welche Ziele verfolgt die Einrichtung beim Umgang mit ihren Ressourcen** (Finanzen, räumlich-technische Ausstattung, Information & Wissen u.a.) **und ihren Kooperationspartnern?**
  z.B. Einführung von EDV
- **Wie werden diese begründet?**
  z.B. Rationalisierung des Umgangs mit Informationen, um mehr Zeit für die pädagogisch-konzeptionelle Arbeit zu gewinnen.

2) Lösungswege/ Maßnahmen
- **Was sind die Lösungswege/ Maßnahmen zur Zielerreichung? Wie wird deren Auswahl begründet?**
  z.B. Auswahl geeigneter Hard- und Soft-Ware und Schulung der betroffenen Mitarbeiter/-innen
- **Wie wird deren Umsetzung geplant?**
  z.B. Zeit-, Personal- und Kostenplanung; Schulungsplanung

3) Überprüfung
- **Wie wird der Prozeß der Durchführung überprüft?**
  z.B. Controlling des Zeit-, Kosten- und Personaleinsatzes

4) Weiterentwicklung
- **Wie werden gegebenenfalls Ziele, Lösungswege/ Maßnahmen und Formen der Überprüfung weiterentwickelt?**
  z.B. Auslagerung von EDV-Arbeiten unter Kosten-Nutzen-Gesichtspunkten

	Bilanz	Trifft gar nicht zu	Trifft weniger zu	Trifft überwiegend zu	Trifft voll und ganz zu
(1)	Die Ziele beim Umgang mit internen Ressourcen und externen Partnern sind klar und gut begründet.	☐	☐	☐	☐
(2)	Die Lösungswege/ Maßnahmen zur Erreichung der ressourcenbezogenen Ziele werden systematisch geplant.	☐	☐	☐	☐
(3)	Die Durchführung wird regelmäßig überprüft.	☐	☐	☐	☐
(4)	Gegebenenfalls werden Ziele, Lösungswege/ Maßnahmen und Formen der Überprüfung weiterentwickelt.	☐	☐	☐	☐

Was fällt auf?

Stärken   Verbesserungsbereiche

_____   _____
_____   _____
_____   _____
_____   _____
_____   _____

Themen-Pool:
Einwerbung von Projektmitteln; Ausnutzung der Räumlichkeiten; Gebäudesicherheit; kind- und umweltgerechte Ausstattung der Räume, Lagerung und Verwaltung der Materialien; Anschaffung und Wartung von Geräten; Einsatz von EDV; Zugang zu Informationen; Verteilung von Wissen; Kontaktpflege zu Kooperationspartnern; Ausbau von Kooperationsbereichen...

© Schiersmann / Thiel / Pfizenmaier 2001

**V
Prozesse**

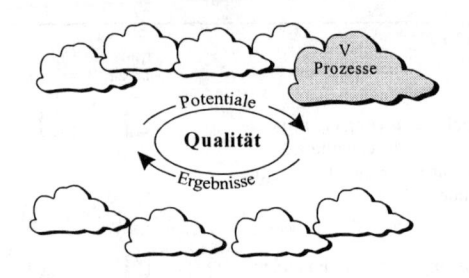

Potentiale
Qualität
Ergebnisse

1) Ziele
- **Was sind die Kernprozesse der Einrichtung?**
  z.B. Programmplanung
- **In welcher Weise sind die Kernprozesse auf die Einrichtungsziele bezogen?**
  z.B. Bei der Programmplanung werden die Mitarbeiter/-innen intensiv beteiligt (Mitarbeiterorientierung als Einrichtungsziel).

2) Lösungswege/ Maßnahmen
- **Wie werden die Kernprozesse gestaltet und konkret geplant?**
  z.B. Vorhandensein eines verbindlichen Ablaufplans (z.B. Flußdiagramm)

3) Überprüfung
- **Wie wird der Prozeß der Durchführung überprüft?**
  z.B. Abgleich des je aktuellen Arbeitsstandes mit dem Ablaufplan

4) Weiterentwicklung
- **Wie werden gegebenenfalls der Bezug zu den Einrichtungszielen, die Gestaltung der Kernprozesse und Formen der Überprüfung weiterentwickelt?**
  z.B. Für die Programmplanung wird eine EDV-Software beschafft.

	Bilanz	Trifft gar nicht zu	Trifft weniger zu	Trifft überwiegend zu	Trifft voll und ganz zu
(1)	Die Kernprozesse unterstützen die Einrichtungsziele.	☐	☐	☐	☐
(2)	Die Gestaltung der Kernprozesse wird systematisch geplant.	☐	☐	☐	☐
(3)	Die Durchführung wird regelmäßig überprüft.	☐	☐	☐	☐
(4)	Gegebenenfalls wird der Bezug zu den Einrichtungszielen, die Gestaltung der Kernprozesse und Formen der Überprüfung weiterentwickelt.	☐	☐	☐	☐

Was fällt auf?

Stärken   Verbesserungsbereiche

_____   _____

_____   _____

_____   _____

_____   _____

_____   _____

Themen-Pool:
Anmeldeverfahren; Programmplanung; Durchführung von Kursen; Entwicklung neuer Angebotsformen; Ablauf-/Prozessanalysen; Identifizierung von Schnittstellen: Einsatz von EDV; Beratungsangebote; Serviceleistungen; Kontakte zu Zielgruppen, Teilnehmenden, Lieferanten u.a.; Bedarfsanalysen; Öffentlichkeitsarbeit...

© Schiersmann / Thiel / Pfizenmaier 2001

VI Teilnehmer-/kundenbezogene Ergebnisse

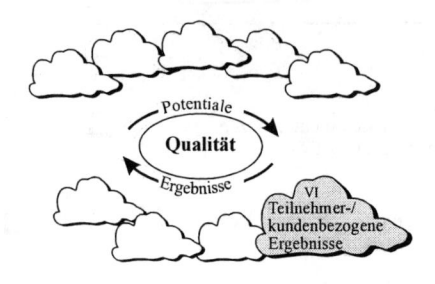

1) Ergebnisse

- **Welche kundenbezogenen Ergebnisse erreicht die Einrichtung im Hinblick auf Teilnehmende, Träger und (öffentliche) Geldgeber?**
  z.B. im Hinblick auf Teilnehmende: Zufriedenheit mit Kursen im Eltern-Kind-Bereich

2) Effektivität

- **Wie hoch ist der Grad der Zielerreichung?**
  z.B. 100% Zufriedenheit aller Teilnehmenden mit dem didaktischen Konzept, unzufrieden mit den Räumlichkeiten

- **Wie wird das festgestellt?**
  z.B. Schriftliche Befragung der Teilnehmenden

3) Effizienz

- **Inwieweit sind die Lösungswege/ Maßnahmen zur Zielerreichung optimal?**
  z.B. Optimal aufgrund der Auswahl hochqualifizierter Kursleiter/-innen

- **Wie wird das festgestellt?**
  z.B. Vergleich mit Kursleiter/-inne/n anderer Fachbereiche

	Bilanz	Trifft gar nicht zu	Trifft weniger zu	Trifft über- wiegend zu	Trifft voll und ganz zu
(1)	Unsere kundenbezogenen Ergebnisse sind sehr gut im Hinblick auf...				
	• Teilnehmende	☐	☐	☐	☐
	• Träger	☐	☐	☐	☐
	• (öffentliche) Geldgeber	☐	☐	☐	☐
(2)	Der Erfolg ist überwiegend auf den Einsatz optimaler Lösungswege/ Maßnahmen zurückzuführen.	☐	☐	☐	☐
(3)	Die Zielerreichung wird regelmäßig und systematisch überprüft.	☐	☐	☐	☐

Was fällt auf?

Stärken	Verbesserungsbereiche

Themen-Pool:
Erreichbarkeit; teilnehmerfreundliche Verwaltung; Umgang mit Beschwerden; erreichte Zielgruppen; Beratung von Teilnehmenden; (nicht-)zustande gekommene Angebote; Drop Out (Abbruchquote); Vertragsgestaltung; Teilnehmerunterlagen; Aktualität des Angebots; Gewinnung neuer Teilnehmer/-innen durch Empfehlungen; Anteil von ‚Stammkunden'; Teilnehmer-/ Kundenbindung; Umgang mit Vorschlägen/ Anregungen von Teilnehmenden; Öffentlichkeitsarbeit; Erfüllung der gesetzlichen Förderkriterien; Service der Einrichtung...

© Schiersmann / Thiel / Pfizenmaier 2001

Qualität
Potentiale → Ergebnisse

VII
Mitarbeiterbezogen
Ergebnisse

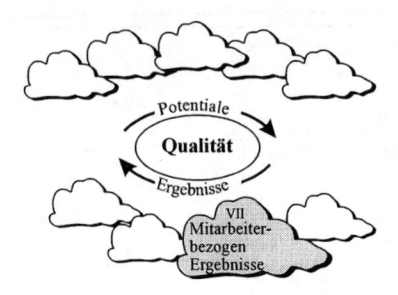

1) Ergebnisse

- Welche Ergebnisse erreicht die Einrichtung im Hinblick auf die Mitarbeiter/-innen (Leitung, disponierend tätige Mitarbeiterinnen, Kursleiterinnen, Verwaltungskräfte...)
  z.B. Motivierte Verwaltungskräfte

2) Effektivität

- Wie hoch ist der Grad der Zielerreichung im Hinblick auf mitarbeiterbezogene Ziele?
  z.B. Verwaltungskräfte sind hoch motiviert im Kontakt zu Teilnehmenden, weniger gegenüber pädagogischem Personal

- Wie wird das festgestellt?
  z.B. Rückmeldung der Teilnehmenden und des pädagogischen Personals

3) Effizienz

- Inwieweit sind die Maßnahmen/Lösungswege zur Zielerreichung optimal?
  z.B. Suboptimal wegen hohem Aufwand an Unterstützung seitens der Leitung

- Wie wird das festgestellt?
  z.B. Häufigkeit und Länge der Gespräche und Arbeitskontakte

		Bilanz	Trifft gar nicht zu	Trifft weniger zu	Trifft überwiegend zu	Trifft voll und ganz zu
(1)		Unsere mitarbeiterbezogenen Ergebnisse sind sehr gut im Hinblick auf...				
	•	Leitung	☐	☐	☐	☐
	•	disponierend tätige Mitarbeiter/-innen	☐	☐	☐	☐
	•	Kursleiter/-innen	☐	☐	☐	☐
	•	Verwaltungskräfte	☐	☐	☐	☐
	•	....	☐	☐	☐	☐
(2)		Der Erfolg ist überwiegend auf den Einsatz optimaler Lösungswege/Maßnahmen zurückzuführen.	☐	☐	☐	☐
(3)		Die Zielerreichung wird regelmäßig und systematisch überprüft.	☐	☐	☐	☐

Was fällt auf?

Stärken   Verbesserungsbereiche

_____   _____

_____   _____

_____   _____

_____   _____

Themen-Pool:
Übertragung von Verantwortung; Beteiligung an Entscheidungsprozessen; Bereitschaft zur Übernahme von Verantwortung; Fortbildungsmöglichkeiten und -beteiligung; Betriebsklima; Effektivität der Kommunikation; Reaktionszeit bei Anfragen; Fluktuation; Krankenstand; Engagement für die Einrichtung (inkl. Kursleiter/-innen); Qualifikationen, erworbene Zusatzqualifikationen; Entlohnung, Anstellungsbedingungen; soziale Leistungen der Einrichtung; Arbeitssicherheit....

© Schiersmann / Thiel / Pfizenmaier 2001

Potentiale → **Qualität** → *Ergebnisse*

VIII Gesellschaftsbezogene Ergebnisse

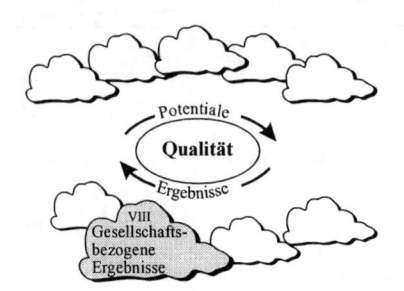

1) Ergebnisse

- **Was erreicht die Einrichtung im Hinblick auf das gesellschaftliche Umfeld** (z.B. Bildungs- und Beratungseinrichtungen, Jugendämter, Krankenkassen, lokale und regionale Gremien, Medien)?
  z.B. Intensive Arbeitskontakte zum Jugendamt

2) Effektivität

- **Wie hoch ist der Grad der Zielerreichung?**
  z.B. Vollständige Übereinstimmung in konzeptionellen Fragen, wenig Übereinstimmung im Hinblick auf finanzielle Unterstützung

- **Wie wird das festgestellt?**
  z.B. Übereinstimmung der Leitbilder, gleichbleibend geringe Zuschüsse seitens der Kommune

3) Effizienz

- **Inwieweit sind die Lösungswege/ Maßnahmen zur Zielerreichung optimal?**
  z.B. Optimal, weil der Zeitaufwand für die intensiven Arbeitskontakte gleichzeitig das Image der eigenen Einrichtung erhöht

- **Wie wird das festgestellt?**
  z.B. Selbsteinschätzung von Leitung und Träger

	Bilanz	Trifft gar nicht zu	Trifft weniger zu	Trifft überwiegend zu	Trifft voll und ganz zu
(1)	Unsere umfeld- und gesellschaftsbezogenen Ergebnisse sind sehr gut.	❑	❑	❑	❑
(2)	Der Erfolg ist überwiegend auf den Einsatz optimaler Lösungswege/ Maßnahmen zurückzuführen.	❑	❑	❑	❑
(3)	Die Zielerreichung wird systematisch und regelmäßig überprüft.	❑	❑	❑	❑

Was fällt auf?

Stärken   Verbesserungsbereiche

_____   _____

_____   _____

_____   _____

_____   _____

_____   _____

Themen-Pool:

Beteiligung an kommunalen und regionalen/ fachbezogenen Gremien; familienpolitisches Engagement; Beteiligung am fachlichen Diskurs; Öffentlichkeitsarbeit; öffentliche Anerkennung; Preise; Auszeichnungen; Beteiligung an Wettbewerben; Verhältnis zu Gesetzgebern; Abfallvermeidung; Verringerung des Energieverbrauchs; Einsatz von ökologisch verträglichen Materialien...

© Schiersmann / Thiel / Pfizenmaier 2001

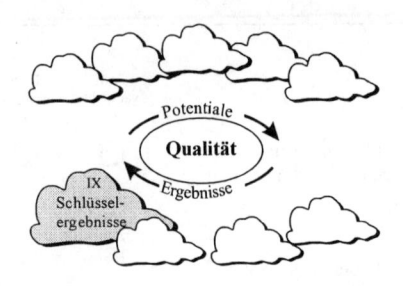

1) Ergebnisse

- **Welche (pädagogischen und finanziellen) Schlüsselergebnisse erreicht die Einrichtung?**
  Beispiel für pädagogische Ergebnisse:
  15% mehr ausländische Teilnehmer/-innen erreicht.
  Beispiel für finanzielle Ergebnisse:
  5% mehr Fördermittel geworben.

2) Effektivität

- **Wie hoch ist der Grad der Zielerreichung?**
  z.B. Beim pädagogischen Ergebnis unser Ziel voll erreicht.
  z.B. Beim finanziellen Ergebnis waren 10% veranschlagt (Ziel zur Hälfte erreicht).

- **Wie wird das festgestellt?**
  z.B. Auswertung der Teilnehmer- und Veranstaltungsstatistik im Hinblick auf mehr ausländische Teilnehmer/-innen
  z.B. Kennziffern aus dem Geschäftsbericht im Hinblick auf geworbene Fördermittel

3) Effizienz

- **Inwieweit sind die Maßnahmen/ Lösungswege zur Zielerreichung optimal?**
  z.B. Weg ist suboptimal, weil zu viele personelle Ressourcen aufgewandt werden.

- **Wie wird das festgestellt?**
  z.B. Dokumentierte Arbeitsstunden

Bilanz	Trifft gar nicht zu	Trifft weniger zu	Trifft überwiegend zu	Trifft voll und ganz zu
(1) Die Schlüsselergebnisse sind in allen Bereichen sehr gut.	❏	❏	❏	❏
(2) Der Erfolg ist überwiegend auf den Einsatz optimaler Maßnahmen/ Lösungswege zurückzuführen.	❏	❏	❏	❏
(3) Die Zielerreichung wird regelmäßig und systematisch überprüft.	❏	❏	❏	❏

Was fällt auf?

Stärken   Verbesserungsbereiche

_____   _____
_____   _____
_____   _____
_____   _____
_____   _____

Themen-Pool:
Erreichen bestimmter Zielgruppen; Erschließen neuer Zielgruppen; Erschließung bzw. Ausweitung von Kooperationen; Konzeptentwicklung; Erfüllung pädagogischer Mindestanforderungen durch die Kursleiter/-innen; Marktanteil, Umgang mit Informationen, Budgeteinhaltung, finanzielle Bilanz; finanzieller Vergleich mit Mitbewerbern/ Konkurrenten; erwirtschaftete Eigenmittel; eingeworbene Fördermittel; Spenden; Projektförderung; betriebswirtschaftliche Kennziffern; Kosten für Unterrichtsstunde pro Teilnehmer; Auslastung von Räumen...

© Schiersmann / Thiel / Pfizenmaier 2001

Gesamtbilanz (Potentiale)

Einschätzung / Potentiale	Klarheit der Ziele				Systematische Planung der Lösungswege / Maßnahmen				Regelmäßige Überprüfung der Durchführung				Weiterentwicklung von Zielen, Lösungswegen, Formen der Überprüfung			
	Trifft gar nicht zu	Trifft weniger zu	Trifft überwiegend zu	Trifft voll & ganz zu	Trifft gar nicht zu	Trifft weniger zu	Trifft überwiegend zu	Trifft voll & ganz zu	Trifft gar nicht zu	Trifft weniger zu	Trifft überwiegend zu	Trifft voll & ganz zu	Trifft gar nicht zu	Trifft weniger zu	Trifft überwiegend zu	Trifft voll & ganz zu
I Ziele und Strategien																
II Leitung																
III Mitarbeiter/-innen																
IV Ressourcen und Kooperationspartner																
V Prozesse																

© Schiersmann/ Thiel/ Pfizenmaier 2001

Gesamtbilanz (Ergebnisse)

Einschätzung / Ergebnisse		Art/ Güte der Ergebnisse				Optimale Lösungswege				Überprüfung der Zielerreichung			
		Trifft gar nicht zu	Trifft weniger zu	Trifft überwiegend zu	Trifft voll & ganz zu	Trifft gar nicht zu	Trifft weniger zu	Trifft überwiegend zu	Trifft voll & ganz zu	Trifft gar nicht zu	Trifft weniger zu	Trifft überwiegend zu	Trifft voll & ganz zu
VI Teilnehmer-/ kundenbezogene Ergebnisse	Teilnehmende												
	Träger												
	Geldgeber												
VII Mitarbeiter- bezogene Ergebnisse	Leitung												
	Disponierend tätige Mitarbeiter/-innen												
	Kursleiter/-innen												
	Verwaltungskräfte												
	.....												
VIII Gesellschafts- bezogene Ergebnisse													
IX Schlüssel- ergebnisse													

© Schiersmann/ Thiel/ Pfizenmaier 2001

Abb. 3.8: Die Teilaspekte der Potential-Kriterien

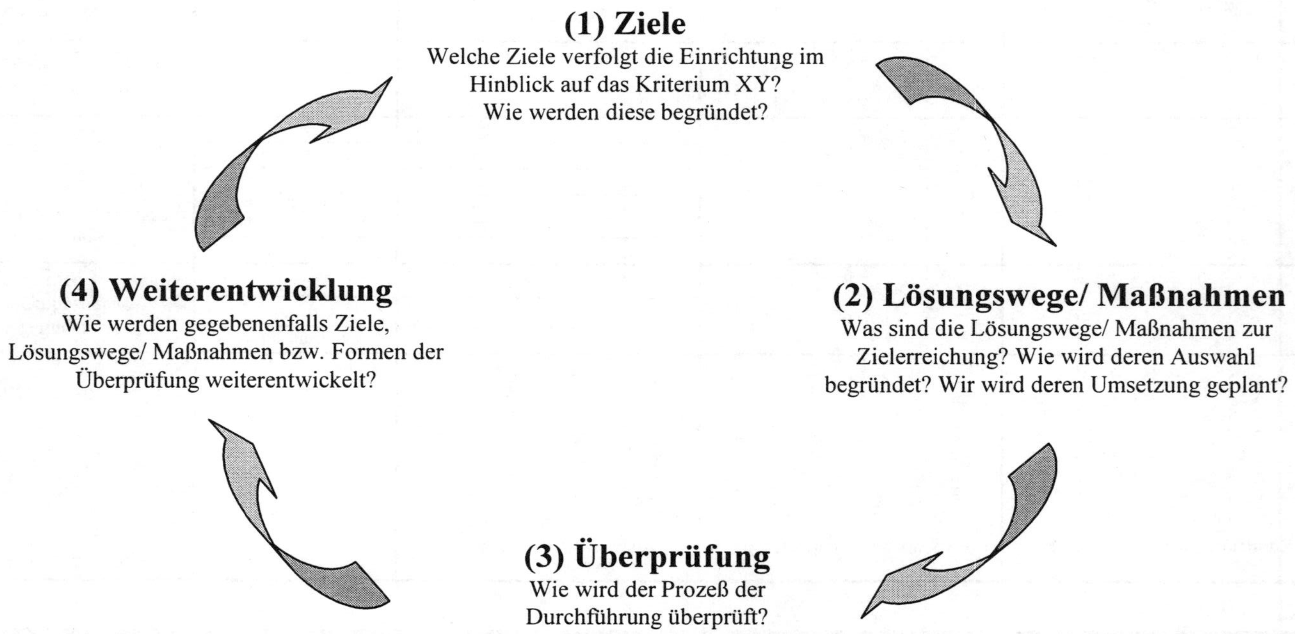

(1) Ziele
Welche Ziele verfolgt die Einrichtung im Hinblick auf das Kriterium XY? Wie werden diese begründet?

(2) Lösungswege/ Maßnahmen
Was sind die Lösungswege/ Maßnahmen zur Zielerreichung? Wie wird deren Auswahl begründet? Wie wird deren Umsetzung geplant?

(3) Überprüfung
Wie wird der Prozeß der Durchführung überprüft?

(4) Weiterentwicklung
Wie werden gegebenenfalls Ziele, Lösungswege/ Maßnahmen bzw. Formen der Überprüfung weiterentwickelt?

© Schiersmann/ Thiel/ Pfizenmaier 2001

Themenpool
Die Leitfäden zu den einzelnen Kriterien schließen jeweils mit einem sogenannten Themenpool ab. Dieser bietet eine offene Auswahl an Themen an, die bei dem jeweiligen Kriterium zur Sprache kommen könnten. Der Themenpool tritt damit an die Stelle der inhaltlich orientierten Teilkriterien und Orientierungspunkte des EFQM-Modells. In Verbindung mit der systematischen und einheitlichen Binnenstruktur der Potential- bzw. Ergebnis-Kriterien stellt dieser Themenpool aus unserer Sicht eine Verbesserung des EFQM-Modells dar: Seine offene Struktur trägt dazu bei, den Aufwand für die Bearbeitung der einzelnen Kriterien zu reduzieren und wirkt gleichzeitig dem Eindruck entgegen, die angeführten Themen folgten einer theoretisch begründeten Systematik (vgl. unsere Kritik in Kap. 3.2.1).

Untergliederung der Ergebnis-Kriterien
Die Binnenstruktur der Ergebnis-Kriterien wurde im Vergleich zum EFQM-Modell ebenfalls modifiziert und lenkt den Blick insbesondere auf den Grad der Zielerreichung (Effektivität) und die Ziel-Mittel-Relation (Effizienz). Entsprechend werden die Ergebnis-Kriterien in die Aspekte (1) Ergebnisse, (2) Effektivität und (3) Effizienz untergliedert (s. Abb. 3.9):

1. Zunächst gilt es festzustellen, welche Ergebnisse eine Einrichtung erreicht hat.
2. In einem weiteren Schritt werden die erreichten Ergebnisse vor dem Hintergrund der im Kontext der Potential-Kriterien formulierten Ziele hinsichtlich des Grades der Zielerreichung bewertet. Methodisch kann der Grad der Zielerreichung zum einen z.B. aus den Erhebungen zur Zufriedenheit der Teilnehmenden oder der Mitarbeiterinnen, durch die Auswertung der Medienberichterstattung oder durch Expertengespräche ermittelt werden, zum anderen mit Hilfe von Kennzahlen. Dies können in Bezug auf teilnehmerbezogene Ergebnisse z.B. Abbruchquoten, Teilnehmerbindung oder Zahl und Art nicht zustande gekommener Angebote sein, in Bezug auf mitarbeiterbezogene Ergebnisse z.B. Fluktuation, Krankenstand, Qualifikation oder Fortbildungsbeteiligung.
3. In einem weiteren Schritt wird dann überprüft, ob die eingeschlagenen Lösungswege/Maßnahmen im Hinblick auf das erreichte Ziel optimal waren. Damit kommen an dieser Stelle auch Aufwand-Nutzen-Betrachtungen ins Spiel.

> **Abb. 3.9: Die Teilaspekte der Ergebnis-Kriterien**

(1) Ergebnisse
- Welche Ergebnisse erreicht die Einrichtung im Hinblick auf Kriterium XY?

(2) Effektivität
- Wie hoch ist der Grad der Zielerreichung?
- Wie wird das festgestellt?

(3) Effizienz
- Inwieweit sind die Maßnahmen/ Lösungswege zur Zielerreichung optimal?
- Wir wird das festgestellt?

© Schiersmann/ Thiel/ Pfizenmaier 2001

Wie bei den Potential-Kriterien werden die einzelnen Aspekte der Ergebnis-Kriterien in den Leitfäden jeweils durch ein *Beispiel* aus dem Bereich der Familienbildung illustriert.

Analog zu den Potential-Kriterien sollen auch bei den Leitfäden zu den Ergebnis-Kriterien die erreichten Ergebnisse anhand von *Bilanzaussagen* bewertet werden. Hierbei wird danach gefragt, inwieweit

– die Ergebnisse sehr gut sind,
– der Erfolg überwiegend auf den Einsatz optimaler Maßnahmen/ Lösungswege zurückzuführen ist und
– die Zielerreichung regelmäßig und systematisch überprüft wird.

Die Bewertungsskala entspricht mit vier ‚Stufen' von „trifft voll und ganz zu" bis „trifft gar nicht zu" derjenigen der Potential-Kriterien.

Wie bei den Potential-Kriterien ist auch in den Leitfäden zu den Ergebnis-Kriterien Platz für Notizen zu *Stärken und Verbesserungsbereichen* reserviert sowie jeweils ein *Themenpool* enthalten.

Gesamtbilanz
Für eine Gesamtbilanz über alle neun Kriterien der Organisationsdiagnose hinweg wurde ein entsprechender Arbeitsbogen (s. Abb. 3.7)

entwickelt, auf dem die Ergebnisse aus den Bilanzen zu den einzelnen Kriterien gebündelt und graphisch dargestellt werden. Auf diese Weise entsteht eine Übersicht über das Stärken-Schwächen-Profil bzw. den Grad der ‚Excellence' der eigenen Einrichtung. Mögliche Verbesserungsbereiche können ‚auf einen Blick' erkannt werden.

Durchführung der Organisationsdiagnose
Die Durchführung der Organisationsdiagnose erfolgt im Rahmen einer Selbstbewertung durch die Qualitätsgruppe (Näheres zur Arbeitsweise der Qualitätsgruppe s. Kap. 5) anhand der oben dargestellten Leitfäden und des Auswertungsbogens für die Gesamtbilanz. Ziel der Selbstbewertung ist die Erstellung eines Stärken-Schwächen-Profils der eigenen Einrichtung und darauf basierend die Identifizierung von entsprechenden Vorhaben zur Qualitätsverbesserung. Eine ausführliche Beschreibung der einzelnen Bearbeitungsschritte enthält Abb. 3.10.

Für die Durchführung der Organisationsdiagnose sollten (inklusive Einführung und Gesamtbilanz) ca. fünf Sitzungen der Qualitätsgruppe eingeplant werden.

3.2.3 Erfahrungen mit der Organisationsdiagnose

Zunächst ist anzumerken, daß die im folgenden dargestellten Erfahrungen, die die Qualitätsgruppen im Rahmen des Modellprojekts bei der Bearbeitung der Stärken-Schwächen-Analyse gemacht haben, sich auf eine *Pilotfassung* der oben dargestellten Leitfäden beziehen, die von der Struktur her nahezu identisch war,[15] von der sprachlichen Gestaltung jedoch zum Teil abwich.

In der schriftlichen Befragung aller am Modellprojekt beteiligten Qualitätsgruppen im Januar 2000 wurde u.a. danach gefragt, wie die Mitglieder der Qualitätsgruppen mit den Materialien zur organisationsumfassenden Stärken-Schwächen-Analyse zurechtgekommen seien. Von 186 Befragten gaben gut die Hälfte (53%) an, daß die Materialien für sie ‚gut' bzw. ‚eher gut verständlich' seien, während die andere Hälfte (47%) sie für ‚eher schlecht' bzw. ‚schlecht verständlich' befand. Am häufigsten wurde die *sprachliche Gestaltung* der Leitfäden kritisiert: Viele wünschten sich einfachere, konkretere und praxisnähere Formulierungen.

---

15 Die Reihenfolge der Kriterien entsprach dem Original-Modell, d.h. als erstes war das Kriterium ‚Leitung' und dann erst das Kriterium ‚Ziele und Strategien' aufgeführt. Die Selbstbewertung wurde auf einer vierstufigen Skala von „sehr schwach" bis „sehr stark" vorgenommen (s. Kap. 3.3).

> **Abb. 3.10:** Empfehlungen zur Durchführung der Stärken-Schwächen-Analyse

1. Arbeitsschritt: Sich mit dem Instrumentarium für die Organisationsdiagnose vertraut machen

Die Organisationsdiagnose zielt darauf ab, anhand des IST-Zustandes der Einrichtung ein Stärken-Schwächen-Profil zu erstellen und daraus konkrete Vorhaben zur Qualitätsverbesserung abzuleiten. Das entsprechende Instrumentarium für die Durchführung dieser Organisationsdiagnose ist in Abb. 3.7 wiedergegeben. Es enthält folgende Elemente:

- Eine *Graphik zur Struktur der Kriterien* der Organisationsdiagnose (,Wölkchen'). Sie untergliedert sich in fünf Potential-Kriterien (Ziele und Strategien; Leitung; Mitarbeiter/-innen; Ressourcen und Kooperationspartner; Prozesse) und vier Ergebnis-Kriterien (teilnehmer-/ kundenbezogene Ergebnisse; mitarbeiterbezogene Ergebnisse; gesellschaftsbezogene Ergebnisse; Schlüsselergebnisse).

- Ein *Leitfaden pro Kriterium*, der nach *Teilaspekten* des jeweiligen Kriteriums fragt (bei den Potential-Kriterien nach Zielen, Lösungswegen/ Maßnahmen, Überprüfung und Weiterentwicklung; bei den Ergebnis-Kriterien nach Ergebnissen, Effektivität und Effizienz). Für die Bewertung des jeweiligen Vorgehens bzw. Ergebnisses enthält jeder Leitfaden darüber hinaus Statements zur *Bilanz*. Ein *Themenpool* gibt Anregungen, welche Inhalte bei der Bearbeitung eines Kriteriums angesprochen werden könnten.

- Zwei *Arbeitsblätter zur Gesamtbilanz*, anhand derer ein Stärken-Schwächen-Profil der Einrichtung erstellt werden kann.

In einem ersten Schritt macht sich die Qualitätsgruppe mit Unterstützung der Qualitätsbeauftragten mit diesem Instrumentarium vertraut.

2. Arbeitsschritt: Individuelle Bearbeitung der Leitfäden zur Organisationsdiagnose

Die Leitfäden zu den einzelnen Kriterien werden zunächst von jedem Mitglied der Qualitätsgruppe individuell bearbeitet. Hierbei ist zu beachten, daß erfahrungsgemäß nicht alle Mitglieder der Qualitätsgruppe in gleichem Maße Einblick in die Einrichtung haben. (So haben z.B. Teilnehmende in der Regel weniger Einblick in die Verwaltungsabläufe als hauptamtliche Mitarbeiterinnen.) Daher kann die Differenziertheit der Bearbeitung bei einzelnen Leitfäden bzw. Kriterien innerhalb der Gruppe unterschiedlich ausfallen.

- Aus arbeitsökonomischen Gründen empfiehlt es sich, in der jeweils vorherigen Sitzung festzulegen, welche 2-3 Kriterien in der nächsten Sitzung besprochen werden sollen. (In begründeten Fällen kann die in den Materialien vorgegebene Reihenfolge der Kriterien umgestellt werden.)

- Danach werden Themen gesammelt, anhand derer das jeweilige Kriterium diskutiert werden soll. Anregungen hierzu können dem Themenpool entnommen werden. Die Qualitätsgruppe wählt pro Kriterium - möglichst im Konsens - ca. zwei bis drei der gesammelten Themen aus. (Bei dieser Auswahl ist darauf zu achten, daß sich die für die Bearbeitung der Ergebnis-Kriterien gewählten Themen möglichst auf die bei den Potential-Kriterien besprochenen Themen beziehen sollten.)

- Bis zur nächsten Sitzung bearbeitet jedes Mitglied der Qualitätsgruppe individuell die entsprechenden Kriterien anhand der ausgewählten Themen. Bei den Statements zur Bilanz ist das entsprechende Kästchen anzukreuzen. Die Leitfäden mit den persönlichen Notizen (Raum für stichwortartige Notizen ist vorhanden) verbleiben im Besitz der einzelnen Mitglieder der Qualitätsgruppe.

3. Arbeitsschritt: Bearbeitung der Leitfäden in der Qualitätsgruppe

Während der Sitzungen werden die persönlichen Einschätzungen der Mitglieder der Qualitätsgruppe gemeinsam diskutiert. Es empfiehlt sich, bei jeder Sitzung klare zeitliche Vorgaben zu treffen und ein Gruppenmitglied als ‚Zeitwächter' einzusetzen, das sich jedoch gleichberechtigt am Gespräch beteiligt.

- Anhand der zwei bis drei vorab festgelegten Themen werden die Teilaspekte des jeweiligen Kriteriums nacheinander gemeinsam diskutiert.

- Nachdem die individuellen Einschätzungen zu den Teilaspekten eines Kriteriums ausgetauscht worden sind, wird mit Hilfe der Statements zur *Bilanz* gemeinsam eine Bewertung hinsichtlich der ‚Excellence' der eigenen Einrichtung (bezogen auf die Teilaspekte des jeweiligen Kriteriums) vorgenommen. Für diese Bewertung ist eine vierstufige Skala von „trifft voll und ganz zu" bis „trifft gar nicht zu" vorgegeben. Die Qualitätsgruppe entscheidet sich – möglichst im Konsens - für eine Einstufung auf dieser Skala. (Kompromisse sollten nur in ‚Notfällen' getroffen werden.)

- Erfahrungsgemäß werden im Verlauf der Diskussion zu einem Kriterium bereits einige Stärken und Verbesserungsbereiche der Einrichtung identifiziert. Damit diese festgehalten werden können, ist auf jedem Leitfaden Platz für entsprechende Notizen reserviert.

Nach dem in Arbeitsschritt 2 und 3 beschriebenen Verfahren werden alle neun Kriterien bearbeitet.

4. Arbeitsschritt: Erstellen eines Stärken-Schwächen-Profils der Einrichtung

Die Organisationsdiagnose in Form der Stärken-Schwächen-Analyse schließt mit einer Gesamtbilanz ab, für die die Bewertungen aus den Bilanzen der einzelnen Kriterien zusammengeführt werden. Anhand dieser Gesamtbilanz lassen sich das Stärken-Schwächen-Profil der Einrichtung und damit mögliche Verbesserungsbereiche sehr gut erkennen.

- Auf dem Arbeitsblättern ‚Gesamtbilanz (Potentiale)' bzw. ‚Gesamtbilanz (Ergebnisse)' (s. Abb. 3.7) sind die neun Kriterien (in den Zeilen) und ihre Teilaspekte (in den Spalten) wiedergegeben. Die zugehörigen Bewertungen aus den Statements zur Bilanz werden in Balkenform in die jeweiligen ‚Kästchen' übertragen (bei „trifft gar nicht zu" erhält der Balken ¼ der Länge, bei „trifft weniger zu" die ½ Länge, bei „trifft überwiegend zu" ¾ der Länge und bei „trifft voll und ganz zu" die volle Länge). Durch die Balkendarstellung entsteht graphisch ein Profil, das Stärken und Verbesserungsbereiche der Einrichtung ‚auf einen Blick' deutlich macht.

- Auf der Basis dieses Stärken-Schwächen-Profils werden zunächst 2-3 Verbesserungsbereiche identifiziert und anschließend nach Wichtigkeit und Dringlichkeit geordnet. In einem weiteren Schritt wird eine (vorläufige) Entscheidung für ein konkretes Vorhaben zur Qualitätsverbesserung getroffen.

In gewissem Widerspruch zu dieser Argumentation steht eine ebenfalls häufiger formulierte Kritik, nach der die familienbildungsspezifischen Beispiele zu den einzelnen Teilaspekten der Kriterien als „einengend" empfunden wurden, weil sie das Spektrum an „Antwortmöglichkeiten" bzw. „Ideen" eingeschränkt hätten.[16]

Entsprechend der genannten Kritikpunkte haben wir bei der sprachlichen Überarbeitung der Leitfäden zur Organisationsdiagnose besonders darauf geachtet, die Formulierungen noch stärker als bisher auf die spezifische Verwendungssituation von Einrichtungen der Familienbildung auszurichten. Allerdings waren einer Vereinfachung und Konkretisierung der sprachlichen Gestaltung Grenzen gesetzt. Diese ergeben sich insbesondere daraus, daß Organisationen komplexe Gefüge darstellen und diese Komplexität durch die Leitfäden erfaßt werden sollte. Aufgrund der Begrenzungen hinsichtlich des Umfangs solcher Leitfäden ist dies jedoch nur durch die Verwendung einer relativ abstrakten Sprache möglich.

Dem Dilemma, daß Beispiele aus der Praxis der Familienbildung zwar die Verständlichkeit der Teilaspekte der einzelnen Kriterien erhöhen, jedoch gleichzeitig das Spektrum der zu diskutierenden Inhalte einschränken können, sind wir bei der Überarbeitung der Leitfäden dadurch begegnet, daß wir die Zahl der familienbildungsspezifischen Beispiele pro Teilaspekt auf jeweils eines reduziert und gleichzeitig jeden Leitfaden um einen Themenpool ergänzt haben. Dieser Themenpool bietet – unter Bezugnahme auf die Praxis der Familienbildung – eine offene Auswahl an Themen an, die bei dem jeweiligen Kriterium zur Sprache kommen können (s.a. Kap. 3.2.2).

Als eine weitere Schwierigkeit bei der Bearbeitung der Organisationsdiagnose erwies sich nach Aussagen einiger Qualitätsbeauftragter, daß Teilnehmerinnen (und zum Teil auch Kursleiterinnen) bei der Bearbeitung der Stärken-Schwächen-Analyse das Gefühl gehabt hätten, nicht mitreden zu können, weil sie zu wenig Einblick in die internen Abläufe der Einrichtung hatten. Diese Rückmeldung haben wir zum Anlaß genommen, bei der Überarbeitung unserer ‚Empfehlungen zur Durchführung der Organisationsdiagnose' (s. Abb. 3.10) explizit darauf hinzuweisen, daß die Intensität der Beteiligung einzelner Personengruppen (z.B. der Teilnehmerinnen oder Kursleiterinnen) bei

---

16 Hierzu ist anzumerken, daß wir, wie in Kap. 3.2.2 ausgeführt, diese Beispiele gezielt eingefügt hatten, um eine höhere Konkretisierung und Praxisnähe zu erreichen. Allerdings wurden bei den Leitfäden der Pilotfassung die Teilaspekte der einzelnen Kriterien durch *mehrere* familienbildungsspezifische Beispiele ergänzt.

der Bearbeitung einzelner Leitfäden bzw. Kriterien in der Qualitätsgruppe durchaus unterschiedlich ausfallen kann.

Trotz der genannten Schwierigkeiten wurden die Leitfäden zur Stärken-Schwächen-Analyse von fast allen Mitgliedern der Qualitätsgruppen (91%, N=181) als ‚eher hilfreich' bzw. ‚hilfreich' für den Prozeß der Organisationsdiagnose eingeschätzt. Dieses Ergebnis mag vor dem Hintergrund der Kritik an der abstrakten Sprache der Leitfäden verwundern. Eine Befragte hat diesen vermeintlichen Widerspruch folgendermaßen auf den Punkt gebracht:

„Anfangs hatte uns die verzwickte Satzstellung zu schaffen gemacht, aber im Nachhinein war sie so detailliert wichtig und hilfreich, um weiterzukommen."

Begründet wurden diese positiven Einschätzungen unter anderem damit, daß die intensive Bearbeitung der Leitfäden zur Organisationsdiagnose ein *gemeinsames Nachdenken über die eigene Einrichtung* und ihrer Prozesse gefördert habe und damit langfristig zur Qualitätsentwicklung beitrage. So wurde z.B. aus einer Einrichtung berichtet, daß der Qualitätsgruppe im Verlauf der Analyse bewußt geworden sei, daß es nur vage Vorstellungen über die Grundsätze und Ziele der eigenen Einrichtung gebe und daher ein entsprechender Klärungsprozeß erforderlich sei, um das Profil der Einrichtung sowohl nach innen wie nach außen zu schärfen. Aus einer anderen Qualitätsgruppe wurde berichtet, daß im Kontext der Stärken-Schwächen-Analyse erstmals eine weitgehende Übereinstimmung im Hinblick auf die Einrichtungsziele bewußt geworden sei. Positiv hervorgehoben wurde auch, daß durch die Bearbeitung der Leitfäden nicht nur Verbesserungsbereiche, sondern auch Stärken der Einrichtung deutlich geworden seien.

Als hilfreich wurde außerdem angesehen, daß bereits im Verlauf der Stärken-Schwächen-Analyse viele Ideen und Verbesserungen entwickelt werden konnten. Dies führte in einigen Einrichtungen dazu, daß noch während der Analyse-Phase Verbesserungsmaßnahmen, wie z.B. die (Wieder-) Einführung von Teambesprechungen, in die Tat umgesetzt wurden.

Als bereichernd wurde darüber hinaus das Kennenlernen der Sichtweisen von Kolleginnen aus anderen Tätigkeitsbereichen sowie der „Außensicht" von Teilnehmerinnen erlebt. Dies trug nach Angaben aus den Qualitätsgruppen zu einem tieferen Verständnis für die Strukturen und Abläufe der eigenen Einrichtung bei.

Von ähnlichen Lernerfahrungen wurde auch aus anderen am EFQM-Modell orientierten Projekten zur Qualitätsentwicklung berichtet. Danach sei „der Lernwert des gemeinsamen ‚Durchdenkens', des durch andere informiert Werdens, des Bearbeitungsweges, nicht gering einzuschätzen" (Pohl 1999, 15; vgl. Landesinstitut für Schule und Weiterbildung 1999).

Über das Ingangsetzen von gemeinsamen Lernprozessen hinaus konnte durch die intensive Auseinandersetzung mit der Stärken-Schwächen-Analyse eine *Sensibilisierung für eine systematische und umfassende Qualitätsentwicklung* (bzw. Organisationsentwicklung) erreicht werden. In diese Richtung weisen Aussagen aus den Qualitätsgruppen, nach denen erkannt worden sei, daß bisherige Verbesserungsaktivitäten nur punktuell angesetzt hätten, während es die Stärken-Schwächen-Analyse ermöglicht habe, Vorhaben zur Qualitätsverbesserung systematisch zu identifizieren und umzusetzen. Konkret seien auf der Basis der im Rahmen des Modellprojekts durchgeführten Analyse mehrere Verbesserungsbereiche festgehalten worden, die nacheinander in Angriff genommen werden sollen. Insofern zeige die Stärken-Schwächen-Analyse auch über das Modellprojekt hinaus Auswirkungen auf die eigene Einrichtung und ihre Prozesse.

Bilanzierend läßt sich festhalten, daß bereits der Prozeß einer gemeinsamen Selbstbewertung einen wesentlichen Schritt auf dem Weg der Qualitäts- bzw. Organisationsentwicklung von Einrichtungen der Familienbildung darstellt. Die Organisationsdiagnose hat bei den am Modellprojekt beteiligten Einrichtungen zu einem stärkeren Bewußtsein für deren Strukturen und Prozesse und deren Stärken und Schwächen sowie zu einer Sensibilisierung für eine systematische Qualitätsentwicklung beigetragen.

3.3 Auswahl der Vorhaben zur Qualitätsverbesserung

Die Qualitätsgruppen haben die am EFQM-Konzept orientierten 9 Qualitätskriterien intensiv bearbeitet. Auf einer vierstufigen Skala[17] – von ‚sehr schwach', ‚eher schwach', ‚eher stark' bis ‚sehr stark' – haben sie ihre gemeinsamen Einschätzungen im Hinblick auf die 9 Qualitätskriterien sowie die Teilkriterien des Qualitätskreislaufes (Ziele, Umsetzung, Wirksamkeitsüberprüfung und Weiterentwicklung) in Form eines Balkendiagramms dargestellt (s. Abb. 3.11). Vor dem Hintergrund dieser organisationsumfassenden Stärken-Schwächen-

---

17 Zur statistischen Verrechnung haben wir der verbalen vierstufigen Skala numerische Werte zugeordnet, wobei ‚sehr schwach' den Wert = 1 und ‚sehr stark' den Wert = 4 erhielt.

Analyse haben sie ihre konkreten Vorhaben zur Qualitätsverbesserung ausgewählt (s. Abb. 3.12). Bei der empirischen Auswertung beider Schritte interessierten besonders die folgenden drei Fragen:

Erstens: Welches Bild der *Stärken* von Einrichtungen der Familienbildung ergibt sich aufgrund der subjektiven Einschätzungen durch die Qualitätsgruppen?

Zweitens: Läßt sich ein Zusammenhang zwischen den festgestellten *Schwächen* und der thematischen Konzentration von *Vorhaben zur Qualitätsverbesserung* nachweisen? Wenn sich Letzteres plausibel bestätigen läßt, kann davon ausgegangen werden, daß die systematische und aufwendige EFQM-orientierte Analyse der Stärken und Schwächen von Einrichtungen der Familienbildung für die Auswahl der Projekte durch die Qualitätsgruppen von Bedeutung war. Dadurch wäre zugleich der konkrete Nutzen dieser Stärken-Schwächen-Analyse als brauchbare Organisationsdiagnose ersichtlich.

Drittens: Tauchen Projekte zu bestimmten Kriterien gar nicht oder kaum auf? Gibt es folglich evtl. Hinweise auf ‚blinde Flecken' bei den Qualitätsgruppen, für die – über die Fortbildung hinaus – ein angemessenes Beratungssetting hilfreich sein könnte?

Folgende Ergebnisse lassen sich hervorheben:

Zu erstens: Der Abb. 3.11 ist zu entnehmen, daß sich im Durchschnitt die am Modellprojekt beteiligten Einrichtungen der Familienbildung über alle neun Qualitätskriterien hinweg als ‚eher stark' einschätzen. Als in der Tendenz sogar ‚sehr stark' haben sich die Einrichtungen in Bezug auf die Ergebnis-Kriterien bei den pädagogischen und wirtschaftlichen *Geschäftsergebnissen* (IX), der *Zufriedenheit der Teilnehmenden* (VI) und der *Hauswirtschaftskräfte* (VII)[18] eingeschätzt. Die Bewertung ‚sehr stark' erstreckt sich bei den Potential-Kriterien nur auf das jeweilige *Teilkriterium ‚Ziele'*.

Diese hohe Selbsteinschätzung treffen die Qualitätsgruppen übrigens ‚einhellig'.[19] Das ‚Kriteriendreieck' – Zielklarheit, Teilnehmerzufriedenheit sowie pädagogisches und wirtschaftliches Geschäftsergebnis – spiegelt vermutlich das Selbstverständnis einer ‚qualitativ guten' Einrichtung der Familienbildung wider.

---

18 Aber auch die Zufriedenheit der Kursleiterinnen und des Trägers erreicht fast diese Werte.
19 Wir (Schiersmann/Thiel/Pfizenmaier 1999) haben die Mittelwerte und Varianzen aus den Beurteilungen der Stärken und Schwächen im Hinblick auf die 9 Qualitätskriterien mit ihren Teilkriterien statistisch berechnet (s. Tab. A.1 im Anhang unseres Zwischenberichtes von 1999) und interpretiert. Ein hoher Mittelwert bei niedriger Varianz bedeutet, daß die Selbstbewertungen der Einrichtungen untereinander recht ähnlich sind, d.h. nur wenig ‚streuen'.

Abb.3.11: Mittelwerte der 9 Qualitätskriterien

Einschätzung / Potentiale	Ziele	Umsetzung	Wirksamkeit	Weiterentwicklung	Insgesamt
I Leitung	3,0	2,9	2,6	2,5	2,8
II Ziele, Strategien und konkrete Pläne	3,1	2,8	2,5	2,4	2,7
III Mitarbeiterorientierung	3,0	2,5	2,2	2,3	2,5
IV Ressourcen	3,1	2,9	2,7	2,6	2,9
V Prozesse	3,4	2,9	2,6	2,5	2,9

Einschätzung / Ergebnisse	Leistungen für	sehr schwach	eher schwach	eher stark	sehr stark	Insgesamt
VI Zufriedenheit der Teilnehmenden / Kunden	Teilnehmende				3,3	3,0
	Träger			2,9		
	Geldgeber			2,7		
VII Zufriedenheit der Mitarbeiter	Leitung			2,7		2,8
	Disponierend tätige Mitarbeiterinnen			2,8		
	Kursleiterinnen			2,9		
	Verwaltungskräfte			2,7		
	Hauswirtschaftskräfte			3,0		
	Technisches Personal			2,5		
VIII Auswirkungen auf das gesellschaftliche Umfeld	Gesellschaftliches Umfeld			2,8		2,8
IX Geschäftsergebnisse	Pädagogische Ergebnisse				3,3	3,3
	Wirtschaftliche Ergebnisse				3,2	
Methoden zur Feststellung	Zufriedenheit der Kunden			2,1		2,4
	Zufriedenheit der Mitarbeiter			2,3		
	Zufriedenheit des ges. Umfelds			2,1		
	Geschäftsergebnisse			2,9		

© Schiersmann/Thiel/Pfizenmaier 2001

Zu zweitens: Es gibt einen deutlichen Zusammenhang zwischen den festgestellten *Schwächen* und den projektartigen *Vorhaben zur Qualitätsverbesserung* (s. Abb. 3.12). Diese konzentrieren sich auf die Qualitätskriterien ‚Prozesse' (V), ‚Mitarbeiterorientierung' (III) bzw. -zufriedenheit (VII) sowie ‚Teilnehmerzufriedenheit' (VI).[20]

Am häufigsten werden von den Qualitätsgruppen Vorhaben zur Qualitätsverbesserung beim Kriterium ‚Prozesse' angesiedelt (z.B. Anmeldeverfahren, Programmplanung, Informationsfluß). Vor dem Hintergrund der Ergebnisse der EFQM-orientierten Stärken-Schwächen-Analyse ist diese Wahl verständlich: Über alle am Modellprojekt beteiligten Einrichtungen der Familienbildung hinweg gibt es bei diesem Qualitätskriterium die größte Differenz der Bewertung zwischen der Klarheit der ‚Ziele' einerseits und den Methoden zur Wirksamkeitsüberprüfung und Weiterentwicklung andererseits (s. Abb. 3.13). Das läßt darauf schließen, daß es eine auffällige Kluft gibt zwischen einem ausgeprägten Anspruch bzw. klaren Zielvorstellungen hinsichtlich dieses Qualitätskriteriums einerseits und dem faktisch unzureichenden ‚Controlling' im Sinne einer Wirksamkeitsüberprüfung andererseits. Wie sollen vor diesem Hintergrund dann auch Methoden für eine Weiterentwicklung ‚greifen'? Angesichts des Spannungsverhältnisses zwischen dem Bewußtsein der Wichtigkeit von Kernprozessen in Einrichtungen der Familienbildung und tendenziell fehlenden Methoden der Wirksamkeitsüberprüfung und Weiterentwicklung ist es nur logisch und konsequent, wenn sich die häufigsten Nennungen für die Qualitätsvorhaben auf Kernprozesse der Einrichtungen beziehen – auf die Rationalisierung sowohl von eher organisatorisch-technischen (Verwaltungs-)Abläufen als auch von Kommunikationsprozessen.

Am zweithäufigsten wurden Verbesserungsvorhaben gewählt, die sich auf die Mitarbeiterorientierung (Kriterium III) beziehen, die wiederum von Fragen der ‚Mitarbeiterzufriedenheit' (Kriterium VII) schwer zu trennen sind. Dabei standen bei den Vorhaben in der Regel die Honorarkräfte/Kursleiter/Referenten im Mittelpunkt. Dies korrespondiert mit den Ergebnissen aus der Stärken-Schwächen-Analyse (s. Abb. 3.11), bei der die Leistungen insgesamt im Hinblick auf dieses Kriterium III im Vergleich mit allen anderen Potentialkriterien am schwächsten eingeschätzt wurden und – wie schon beim Qualitätskriterium ‚Prozesse' – eine relativ große Bewertungsdifferenz zwischen der

---

20 An vierter Stelle – das bestätigen die Erhebungen der Qualitätsgruppenmitglieder – stehen die Vorhaben zum Kriterium ‚Ziele, Strategien und konkrete Pläne' der Einrichtung.

Klarheit der ‚Ziele' einerseits und den Methoden zur Wirksamkeitsüberprüfung und Weiterentwicklung andererseits bestand. Außerdem wurden *alle* Unterpunkte des Qualitätskreislaufs (Ziele, Umsetzung, Wirksamkeitsüberprüfung, Weiterentwicklung) bei diesem Kriterium am niedrigsten bewertet. Offensichtlich ist es – angesichts der Besonderheit vieler außerschulischer Bildungsinstitutionen mit ihren wenigen Hauptamtlichen und vielen Honorarkräften – schwierig, die Kommunikation zwischen den Hauptberuflichen und den Honorarkräften ‚dichter' zu gestalten, um die Ansprüche, Interessen und wechselseitigen Erwartungen zu eruieren und durch angemessene Formen zu implementieren und zu überprüfen. Projekte zur ‚Einbindung der Honorarkräfte' sind die logische Konsequenz aus dieser Stärken-Schwächen-Analyse.

Auch die am dritthäufigsten gewählten Qualitätsvorhaben, die sich auf das Kriterium VI der Teilnehmerzufriedenheit beziehen, haben eine gewisse Grundlage in den Ergebnissen der Stärken-Schwächen-Analyse. Einerseits wurde von den Qualitätsgruppen ziemlich einhellig die Kunden- bzw. Teilnehmerzufriedenheit als ‚sehr stark' eingeschätzt, andererseits erhielten die ‚Methoden zur Feststellung der Kunden- bzw. Teilnehmerzufriedenheit' den niedrigsten Mittelwert aller Qualitäts- und deren Teilkriterien.[21] Dieser Tatbestand – mit der methodischen Feststellung der Mitarbeiterzufriedenheit ist es übrigens nicht viel besser bestellt – steht nach unserer Auffassung in einem gewissen Spannungsverhältnis zu der von den Qualitätsgruppen ziemlich einhellig (d.h. bei geringer Varianz) als ‚sehr stark' eingeschätzten Zufriedenheit der Kunden bzw. Teilnehmer (mit dem höchsten Mittelwert) sowie der Kursleiterinnen. Die kritischen Interpreten fragen sich, wie eine hohe Zufriedenheit von Teilnehmenden – und tendenziell auch Kursleiterinnen – behauptet werden kann, wenn zugleich die Methoden zu dieser Feststellung eher dürftig ausgeprägt sind.[22] Zumindest drückt sich hier eine gewisse Unsicherheit des Urteils über die Zufriedenheit der Teilnehmenden und Kursleiterinnen aus.

---

21 Allerdings bestehen zwischen den Einrichtungen aufgrund unserer Feinauswertung große Unterschiede bei den Methoden zur Feststellung der Teilnehmerzufriedenheit (= hohe Varianz bei niedrigem Mittelwert). Es existieren also Einrichtungen, die ihre Methoden zur Feststellung der Teilnehmerzufriedenheit als eher effektiv bewerten, und andere, in denen in diesem Punkt deutliche Defizite bei sich erkennen.

22 Den vergleichsweise höchsten Wert erhalten die „Methoden zur Feststellung" bei dem Kriterium IX („Geschäftsergebnisse"). Vermutlich wurden hierbei in erster Linie die wirtschaftlichen Geschäftsergebnisse berücksichtigt, da diese mit Hilfe von Buchhaltung und Rechnungswesen vergleichsweise einfacher festzustellen sind.

Abb. 3.12: Zuordnung der Qualitätsvorhaben zu den EFQM-Kriterien

Kriterien	Qualitätsvorhaben
Potentiale Ziele und Strategien	• Verdeutlichen der Ziele/ Konzepte gegenüber Ämtern und anderen Einrichtungen • Öffnung der Einrichtung für neue Zielgruppen – finanzielle Absicherung der Einrichtung • Konzeptionsentwicklung • Erarbeitung einer pädagogischen Konzeption • Entwicklung eines Leitbildes – Ziel 1: Handzettel mit Zielen; Ziel 2: Leitbild für Rechenschaft gegenüber Träger, um Profil deutlich zu machen
Leitung	*Veränderung der Leitungsstruktur* • Entwicklung einer veränderten Leitungsstruktur • Unsere Leitung wird von halbtags auf ganztags wechseln
Mitarbeiter/-innen	*Veränderungen bei der Zusammenarbeit mit Kursleiterinnen auf Honorarbasis* • Einbindung der Honorarmitarbeiterinnen in die Qualitätsentwicklung der FBS-Angebote • Entwicklung von Standards zur Einarbeitung von und zur Zusammenarbeit mit Honorarmitarbeiterinnen • Einbindung der Kursleiter • Verbesserung der Zusammenarbeit mit Referenten • Wir-Gefühl stärken und 1. Ziel: Vernetzung innerhalb der Fachbereiche 2. Ziel: Fachbereichsleitungen einsetzen [aus dem Bereich der Kursleiterinnen] • Wie kann das Konzept für die Eltern-Kind-Gruppe für die Kursleiterinnen transparent gemacht werden?

	• Verbesserung der Zusammenarbeit mit den Kursleiterinnen auf Honorarbasis • Stärkung als Team – Installierung eines gemeinsamen wöchentlichen Termins
Ressourcen und Kooperationspartner	• Andere Form der Mittelbeschaffung – bessere Zusammenarbeit mit dem Träger • Optisch ansprechendere und familiengerechtere Gestaltung der Elternschule • Die optimale Nutzung und Verwaltung der Räume, insbesondere der Außenstellen
Prozesse	*Veränderungen des Kursanmeldeverfahrens* • Anmeldung und Kundenbetreuung • Anmeldeverfahren: Kursgebührenzahlung • Optimierung des Anmeldeverfahrens • Kontrolle über Zahlungseingänge - zuverlässige Finanzplanung *Veränderungen der Programmplanung* • Ziel- und zielgruppenorientierte Arbeitsweise bei Programmverteilung (Verbesserung und Systematisierung) • Verbesserung der Programmgestaltung • Das äußere Erscheinungsbild des Programms soll verändert werden *Veränderungen der internen Kooperation* • Verbesserung der Kommunikationsstrukturen in der FBS – betriebswirtschaftliche Analyse • Verbesserung des Informationsflusses unter den Mitarbeitern • Neuerarbeitung bzw. Überprüfung der Arbeitsstrukturen im Team (Zweitprojekt) *Veränderungen von Abläufen* • Arbeitsabläufe und –absprachen strukturieren • Effektivierung von Arbeitsabläufen • Unfallvorbeugung und Verhalten im Falle eines Unfall und Brandes – Brand- und Sicherheitsschutz im Haus und in den Außenstellen *Veränderung des Verhältnisses zum Träger* • Kontaktpflege und Vernetzung von FBS und

	Kirchengemeinden (Außenstellen) • Der Träger als Kunde • Dienstleistung am Kunden • Verbesserung der Öffentlichkeitsarbeit mit Gewinnung neuer Zielgruppen • Bereich Öffentlichkeitsarbeit
Ergebnisse Teilnehmer-/ kundenbezogene Ergebnisse	*Feststellung der Teilnehmerzufriedenheit* • Methoden der Feststellung der Überprüfbarkeit unter dem besonderen Aspekt der Zufriedenheit der Teilnehmenden • Feststellung von Kunden-/Teilnehmerzufriedenheit in der FBS • Methoden zur Feststellung der Teilnehmerzufriedenheit • Teilnehmerbefragung im Fachbereich Familienpädagogik • Fragebogenaktion als Basis für die Qualitätsverbesserung
Mitarbeiterbezogene Ergebnisse	*Feststellung der Zufriedenheit der Kursleiterinnen bzw. hauptamtlichen pädagogischen Mitarbeiterinnen* • Feststellen der Mitarbeiterzufriedenheit mittels eines zu erstellenden Fragebogens - Erstellung eines Fragebogens zur Überprüfung der Zufriedenheit der Honorarkräfte • Erstellung und Auswertung eines Fragebogens für die Honorarkräfte • Erarbeitung eines Fragebogens zur Ermittlung der Einstellungen der Kursleiterinnen zur FBS
Gesellschaftsbezogene Ergebnisse	• 20 Jahre Ev. FBS – Image-Gewinn am Beispiel des Jubiläumsfestes
Leistungsbezogene Ergebnisse	[keine Qualitätsvorhaben]

© Schiersmann/ Thiel/ Pfizenmaier 2001

Abb. 3.13 : Mittelwerte der Unterpunkte der Potentialkriterien

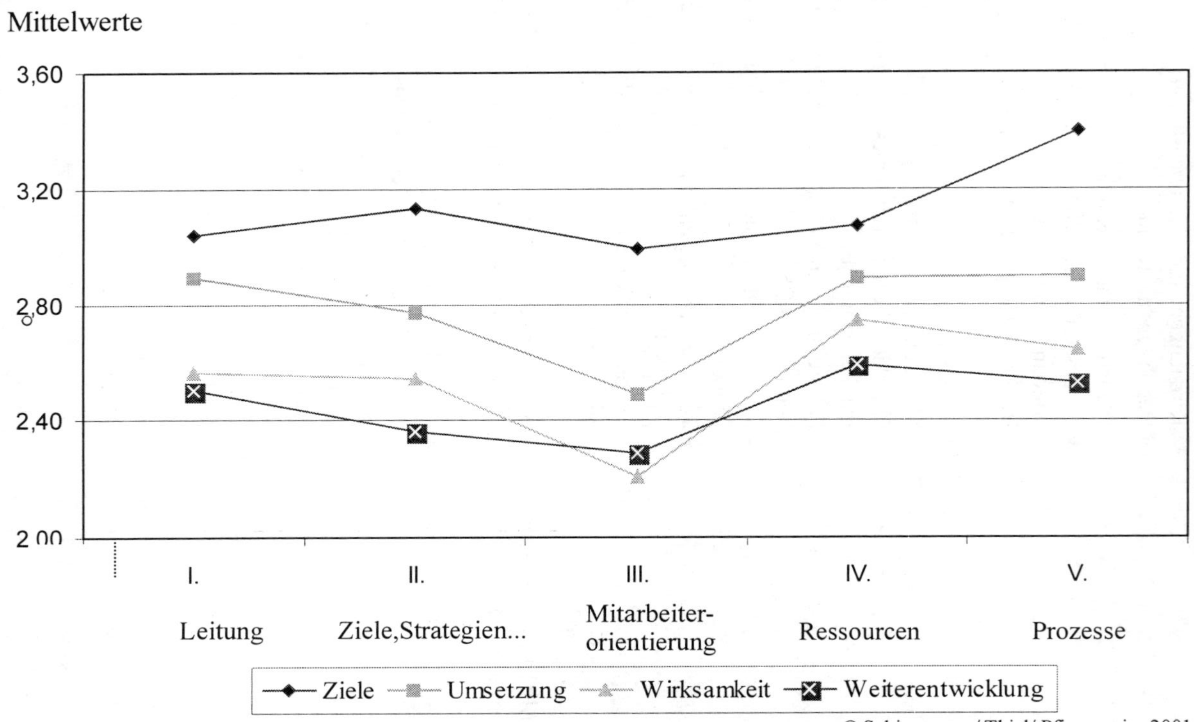

Mittelwerte

	I.	II.	III.	IV.	V.
	Leitung	Ziele, Strategien...	Mitarbeiter-orientierung	Ressourcen	Prozesse

→ Ziele —■— Umsetzung —▲— Wirksamkeit —☒— Weiterentwicklung

© Schiersmann/ Thiel/ Pfizenmaier 2001

Vor diesem Hintergrund erscheinen Vorhaben – wie beispielsweise eine systematische ‚Erhebung der Teilnehmerzufriedenheit' – eine direkte Konsequenz aus der Stärken-Schwächen-Analyse vieler Einrichtungen zu sein. Diese deutlichen – und offensichtlich ehrlich zugegebenen – Schwächen im Hinblick auf die Wirksamkeitsüberprüfung von Maßnahmen und gegebenenfalls eine Weiterentwicklung sowie im Hinblick auf die Methoden zur Feststellung von Ergebnissen[23] deuten auf einen Mangel an entsprechenden Verfahren bzw. auf ein Defizit im Hinblick auf die Beachtung des Qualitätskreislaufes in seiner Gesamtheit hin (mit Ausnahme der Zielbestimmung bei den jeweiligen Kriterien). Ein systematisches Controlling während der Umsetzung und die methodisch genaue Evaluation am Ende scheinen in Einrichtungen der Familienbildung tendenziell ebenso vernachlässigt zu werden wie – nach unseren Beratungs- und Fortbildungserfahrungen – im sonstigen Sozial-, Bildungs- und Kulturbereich. Deshalb haben wir in unseren verbesserten Leitfäden zur Stärken-Schwächen-Analyse Impulsfragen zum Controllingaspekt des Qualitätskreislaufs noch erweitert und bei den Vorhaben zur Qualitätsverbesserung (s. Kap. 4) den Methoden von der Planung der Umsetzung bis zur Evaluation einen großen Stellenwert eingeräumt. Die Phasen der Projektbearbeitung sind mit der Abfolge des Qualitätskreislaufs strukturell identisch.

Zu drittens: Es gibt vermutlich ‚blinde Flecke' im Hinblick auf die Kriterien ‚Leitung' und ‚Geschäftsergebnisse'.

Bei der Analyse der Qualitätsvorhaben fällt ebenfalls auf, daß zum Potentialkriterium ‚Leitung' und den ‚leistungsbezogenen' Ergebnissen (in der alten Fassung des EFQM-Modells sind das die ‚Geschäftsergebnisse' in pädagogischer und wirtschaftlicher Hinsicht) sowie den ‚gesellschaftsbezogenen' Ergebnissen (alte Fassung: ‚Auswirkungen auf das gesellschaftliche Umfeld') ganz wenige bzw. gar keine Projektvorhaben auf der Liste stehen (s. Abb. 3.12).[24] Fällt es evtl. Qualitätsbeauftragten bzw. Mitgliedern der Qualitätsgruppe schwer, in Anwesenheit der Leitung das Leitungskonzept und die

---

23 Die ‚Methoden zur Feststellung' der Ergebnisse bei den Qualitätskriterien VI bis IX erhalten bei der Gesamtbilanz den niedrigsten Durchschnittswert im Vergleich mit allen 9 Qualitätskriterien.

24 Da die Zuordnung von Vorhaben zu den Qualitätskriterien nicht eindeutig sein kann – es sind bei der Entscheidung für ein Projekt oft mehrere Qualitätskriterien berücksichtigt worden – sei darauf hingewiesen, daß beispielsweise Vorhaben zur finanziellen Absicherung unter den Inputs – nämlich unter dem Kriterium ‚Ziele und Strategien' erscheinen. Das hat eine gewisse Plausibilität, da zu den Zielen und Strategien die Orientierung am Markt und Fragen der betriebswirtschaftlichen Effizienz gehören.

-rolle im Hinblick auf die Sicherung von Qualität zu thematisieren und zu hinterfragen? Ist es evtl. unangenehm, sich intensiver mit der Qualität von Geschäftsergebnissen zu befassen, obwohl die meisten Einrichtungen von vielerlei Zuschüssen anderer leben – also nicht kostendeckend arbeiten – und sich finanziell häufig in einer bedrohlichen Schieflage befinden? Kann es sein, daß Einrichtungen der Familienbildung wenig darüber wissen oder kaum feststellen (können), welche Wirkungen sie auf das Nahumfeld ausüben? Es ist plausibel, daß diese Aspekte leichter im Kontext einer supervisorischen bzw. externen Beratung zu reflektieren sind. Tatsächlich wurden Fragen von Zuständigkeit und Verantwortlichkeit der Leitungsrolle wie auch der Beziehung zum gesellschaftlichen Umfeld im Rahmen der Qualitätsentwicklungs-Beratung thematisiert (s. Kap. 6.3). Wir wissen von einzelnen Einrichtungen, die das o.g. Themenspektrum im Blick hatten, aber aus realistischer Einschätzung meinten, daß ihnen das zum jetzigen Zeitpunkt ‚eine Nummer zu groß' sei.

Im Vergleich mit unseren Erfahrungen in der Organisationsberatung und der Literatur zur Organisationsentwicklung, die ebenfalls mit der Phase einer Organisationsdiagnose beginnen, hat der Ansatz des EFQM-orientierten Qualitätsmanagements den charakteristischen Vorteil einer faktisch vergleichsweise detaillierteren, organisationsumfassenderen Stärken-Schwächen-Analyse, die über den Aspekt von ‚Effektivität' und ‚Menschlichkeit' hinaus (vgl. Becker/Langosch 1995) insbesondere die am TQM-Konzept orientierte Kunden- bzw. Teilnehmerzufriedenheit betont. Wenn dieser Prozeß – unter minimaler externer Anleitung beispielsweise im Rahmen einer Fortbildung oder kurzen Impulsberatung – über einen längeren Zeitraum durch die organisierte Selbsthilfe einer heterogen zusammengesetzten Gruppe in einer Einrichtung geschieht, so handelt es sich hier um die Selbstthematisierung und -reflexion einer Organisation – um ein konkretes Beispiel dessen, was als ‚organisationales Lernen' bzw. eine ‚lernende Organisation' bezeichnet wird. Andererseits kann beim EFQM-orientierten Modell die Gefahr nicht von der Hand gewiesen werden, daß gegenüber einer ausgiebigen qualitätsbezogenen Bestandsaufnahme, die viel Zeit kostet und einen intensiven kommunikativen Abstimmungsbedarf bedeutet, die gezielte und geplante Verbesserung der Qualität ins Hintertreffen gerät. Deshalb ist es nach unserem Konzept unabdingbar, daß Vorhaben zur Qualitätsverbesserung, die sich aus der Stärken-Schwächen-Analyse ergeben, auch konsequent und professionell – und d.h. ziel-, prozeß- und produktorientiert, umgesetzt und ‚kontrolliert' werden.

4 Qualitätsverbesserung durch Projektmanagement

4.1 Projekte als Beitrag zur Qualitätsentwicklung in Organisationen

Die Qualitätsgruppe hat in einem ersten Schritt umfassend – ‚ganzheitlich' ist dafür ein beliebtes Etikett – ihre Einrichtung analysiert. Ein Qualitätsmanagement sollte nicht nur akribisch die Stärken und Schwächen auflisten und analysieren, sondern Konsequenzen im Hinblick auf gezielte und geplante Veränderungen daraus ziehen. Eine Organisation – wie eine Einrichtung der Familienbildung – kann aber nicht im ganzen und auf einmal alle Defizite über alle 9 Qualitätskriterien auf einmal absichtsvoll verändern. Deshalb wählt sich die Qualitätsgruppe aus ihrer Prioritätenliste exemplarisch ein wichtiges bzw. dringliches Vorhaben zur Qualitätsverbesserung aus (s. Abb. 3.12).

Das EFQM-Modell legt zwar grundsätzlich eine Weiterentwicklung nahe, stellt dafür aber explizit kein ausgefeiltes methodisches Instrumentarium zur Verfügung. Bei den Vorhaben zur Qualitätsverbesserung ziehen wir deshalb das professionelle Know-how des Projektmanagements heran – im Sinne des Entwickelns, Planens und Steuerns wichtiger Vorhaben. Unter Projekten verstehen wir die Bearbeitung von komplexen Aufgaben durch in der Regel fach-, abteilungs- und hierarchieübergreifend zusammengesetzte Teams mit begrenzten personellen, finanziellen und zeitlichen Ressourcen (s. Abb. 4.1). Projekte sind das ‚Herzstück' einer Weiterentwicklung der Einrichtung auf dem langen Weg zu einer ‚lernenden Organisation'. Diese Weiterentwicklung bezieht sich nicht nur auf die zu bearbeitende, sachstrukturelle Aufgabe, sondern immer auch auf die Beziehungen der beteiligten Personen. Projektmanagement ist somit als Bestandteil sowohl einer Organisations- (OE) als auch Personalentwicklung (PE) anzusehen.

Bei unserem Qualitätskonzept bildet die Organisationsentwicklung (OE) sowohl für die an den EFQM-Ansatz angelehnte Stärken-Schwächen-Analyse als auch für das Projektmanagement den gemeinsamen Rahmen (vgl. Schiersmann/Thiel 2000a; Baumgartner u.a. 1998):

Abb. 4.1: Merkmale eines Projekts

- Innovative und komplexe Aufgabenstellung (keine Routineangelegenheit)

- Konkrete Zielsetzung

- Begrenzte zeitliche, personelle und finanzielle Ressourcen

- Fach-, abteilungs- und hierarchieübergreifende Zusammensetzung des Projektteams

- ‚Dreigliedrigkeit' der Organisationsstruktur bei gleichzeitiger Durchführung mehrerer Projekte in einer Einrichtung (Träger- bzw. Leitungsebene als Entscheiderkreis, Koordinierungsgruppe, Projektteams)

- Beitrag zur Weiterentwicklung der Organisation durch die Gleichzeitigkeit von prozessorientiertem Lernen der Beteiligten und ergebnisbezogener Problemlösung

© Schiersmann / Thiel 2001

Beim Projektmanagement wird – wie schon bei der Organisationsdiagnose im Sinne einer Stärken-Schwächen-Analyse – die hohe Kreativität und Problemlösekompetenz von heterogen zusammengesetzten Teams – hier der Qualitätsgruppe – genutzt. Damit wird die Mitarbeiterschaft – insbesondere die Leitungskraft und die Mitglieder der Qualitätsgruppe – aktiv am institutionellen Wandel beteiligt. Für die selbständige Gestaltung des Projektverlaufs kommt – wie für die Durchführung der Stärken-Schwächen-Analyse – das Selbstorganisationspotential im Sinne kooperativer Problemlösungen zum Tragen. Wenn davon auszugehen ist, daß Institutionen sich zukünftig kontinuierlich an neue komplexe Anforderungen anpassen müssen, dann können bzw. sollen sie sich nicht permanent von externen professionellen Beratern abhängig machen. Vielmehr kommt es darauf an – durchaus mit temporärer Unterstützung von Prozeßbegleitern, die Ressourcen und das Selbstorganisationspotential der Einrichtungen zu stärken. Die Selbstaufklärung bzw. -reflexion von Qualitätsaspekten tragen – sowohl bei den Mitgliedern der Qualitätsgruppe als auch in der übrigen Mitarbeiterschaft – dazu bei, das Verständnis für die Gesamtabläufe in der Organisation und die Verantwortlichkeit für die innovative Gestaltung der institutionellen Zukunft zu stärken. Wie noch zu zeigen sein wird, passen unsere am EFQM-Modell angelehnte Fassung der Organisationsdiagnose und das Projektmanagement auch im Hinblick auf die gemeinsame *Problemlösechiffre* zusammen. Bei der Stärken-Schwächen-Analyse zu den einzelnen Qualitätskriterien wird nicht nur nach den jeweiligen Zielvorstellungen, sondern auch nach der Planung der Maßnahmen, der Durchführung und Überprüfung bzw. Kontrolle der Umsetzung gefragt. Derselbe Kreislauf liegt auch einer problemlöseorientierten Bearbeitung der Vorhaben zur Verbesserung der Qualität zugrunde. Wir möchten an dieser Stelle auf die Strukturähnlichkeit zwischen unserem phasenorientierten Problemlösemodell (s. Abb. 4.2) und dem RADAR-Prinzip des EFQM-Modells hinweisen (s. Abb. 3.6). Den ‚Results' als Festlegung beabsichtigter Ergebnisse entspricht unsere Zielklärung, dem ‚Approach' als geplante Vorgehensweise unsere Phase der Lösungswege/Aktivitäten und deren Planung. ‚Deployment' und ‚Assessment and Review' als Umsetzung, Überprüfung und Bewertung des Vorgehens korrespondieren mit unserer Phase des Controlling bzw. der Steuerung während der Durchführung bis hin zur Evaluation und zum Transfer.

4.2 Phasen der Projektbearbeitung als Problemlöseprozeß

Begründung und Beschreibung des phasenorientierten Problemlösemodells

In Abb. 4.2 ist die Struktur des *Qualitätsprojekts als phasenorientierter Problemlöseprozeß* dargestellt. Zur Projektentwicklung gehört nicht nur die *Sachkompetenz* – d.h. das ‚prozedurale' Wissen über die sequentielle Abarbeitung von Phasen – und die *Methodenkompetenz* im Hinblick auf spezifische Verfahren bzw. Techniken zur Gestaltung dieser aufgabenbezogenen Phasen (z.B. das EFQM-orientierte Verfahren der organisationsbezogenen Stärken-Schwächen-Analyse), sondern auch die *Sozialkompetenz* zur Gestaltung der Beziehungen innerhalb der Qualitätsgruppe und zwischen dieser Gruppe und ihrer ‚Umwelt' (z.B. andere Mitarbeiterinnen, Trägervertreter, Teilnehmerinnen, kommunalpolitische Gremien). Beim Projektmanagement kommt es folglich nicht nur darauf an, die gestellte Aufgabe in der

Abb. 4.2: Qualitätsprojekt als phasenorientierter Problemlöseprozeß

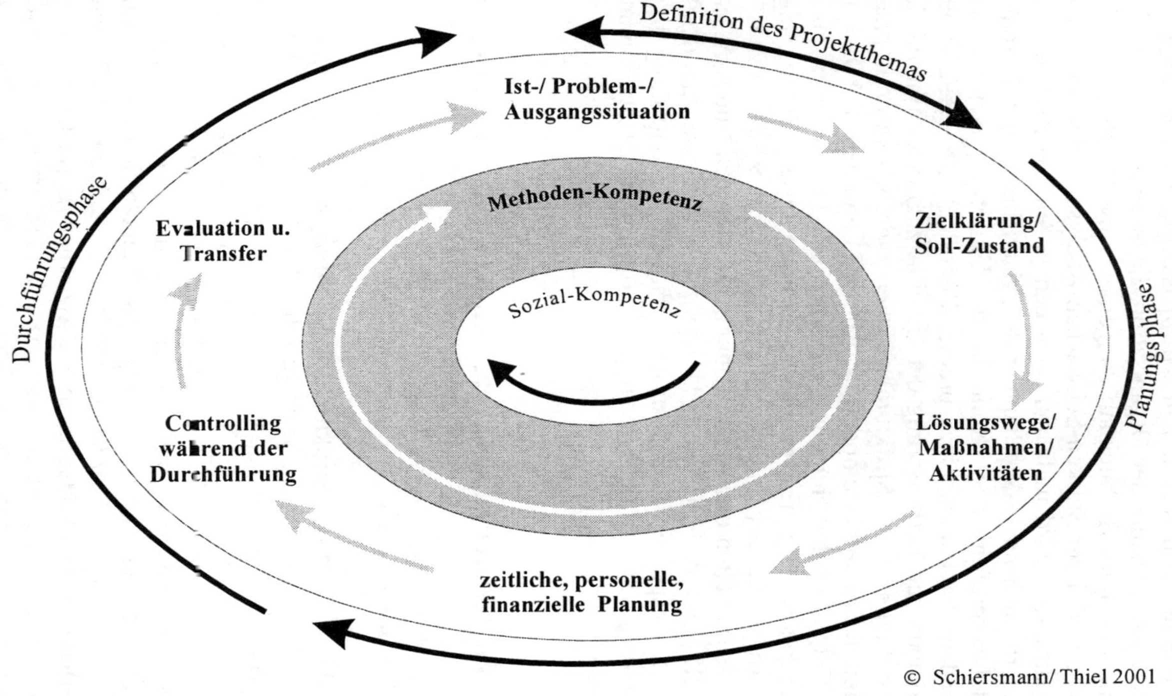

Planungsphase

Definition des Projektthemas

Zielklärung/ Soll-Zustand

Lösungswege/ Maßnahmen/ Aktivitäten

Ist-/ Problem-/ Ausgangssituation

Methoden-Kompetenz

Sozial-Kompetenz

zeitliche, personelle, finanzielle Planung

Evaluation u. Transfer

Controlling während der Durchführung

Durchführungsphase

© Schiersmann/Thiel 2001

vorgesehenen Zeit mit den zur Verfügung stehenden Ressourcen zu ‚erledigen'. Es gehört zum Vorgang des Problemlösens, daß die im Kontext dieser neuen Arbeitsform erfolgenden Lernprozesse intensiv wahrgenommen und reflektiert werden (s. Kap. 5).

Um mit der Komplexität und Dynamik in einem längerfristigen Prozeß – wie es ein Projekt darstellt – umgehen zu können, benötigen die Beteiligten sowohl eine bildhafte *Vorstellung vom Gesamtablauf* eines Qualitätsprojekts als auch *Verfahren bzw. Techniken* für die Gestaltung einzelner Abschnitte des Verlaufs. In Übereinstimmung mit einem großen Teil der Literatur zum Projektmanagement legen wir im Hinblick auf die Entwicklung, Planung und Steuerung des Gesamtprozesses ein eigenes Phasenkonzept zugrunde (s. Abb. 4.2: *Qualitätsprojekte als phasenorientierter Problemlöseprozeß*). Die sich systemisch verstehende Problemlösemethodik haben wir als Referenzrahmen für die Gestaltung des Projektbearbeitungsprozesses – sowohl in aufgaben- als auch sozialbezogener Hinsicht – gewählt, weil dieser konzeptuelle Ansatz am besten der komplexen – und d.h. auch dynamischen und unsicheren – Situation gerecht wird (vgl. ausführlicher Thiel 1998; Schiersmann/Thiel 2000a).

Ein ‚*Problem*' – hier ein Projekt zur Qualitätsverbesserung in einer Einrichtung der Familienbildung – ist dadurch definiert, daß ein unerwünschter Anfangs- bzw. Ist-Zustand – wie er durch die vorausgegangene organisationsbezogene Stärken-Schwächen-Analyse aufgedeckt wurde – auf einem längeren Lösungs- und Steuerungsweg über mögliche Hindernisse und Risiken hinweg planvoll und systematisch bis zu einem erwünschten End- bzw. Sollzustand bearbeitet wird. Dieser Prozeß des Problemlösens gilt als höchste und komplexeste Stufe menschlichen Lernens.

Die Problemlösemethodik als Denk- und Handlungsorientierung für das Projektmanagement teilt den Ablaufprozeß in Phasen auf, die bei verschiedenen Autoren in der Anzahl und Bezeichnung variieren, aber in der Grundstruktur einem ähnlichen Muster folgen. Die Phasen – sie stellen zugleich die Gliederungspunkte dieses Kapitels dar – umfassen

- die Problembeschreibung und –analyse der Ist- bzw. Ausgangssituation,
- eine Konkretisierung von Zielen als Soll-Zustand,
- das Finden von Lösungswegen bzw. Maßnahmen zur Zielerreichung,

- die zeitliche, personelle und finanzielle Planung der Durchführung bzw. Umsetzung sowie den Prozeß der Machbarkeitsprüfung und Entscheidungsfindung,
- die Durchführung bzw. Umsetzung samt des Controllings und der Steuerung während der Realisierung bis
- zur Evaluation und zum Transfer.

Projekte – insbesondere in Bildungs- und Sozialorganisationen – sind zu Beginn durch eine komplexe Aufgabenstellung mit einer zumeist globalen, wenig konkreten Zielformulierung und Offenheit der Lösungswege charakterisiert. Von der vagen Projektidee über viele Stationen bzw. Phasen bis zum Projektabschluß werden durch die Genauigkeit detaillierter Planungen und eine zunehmende Häufigkeit von Entscheidungen die Handlungsschritte immer konkreter. Es vollzieht sich dabei ein Weg vom Abstrakten bzw. Allgemeinen zum immer Konkreteren bzw. „Vom Groben zum Detail" (vgl. Kraus/Westermann 1997, 21). Das geschieht durch einen Wechsel von Komplexitätserzeugung und -reduktion innerhalb und zwischen den genannten Phasen.

Allerdings ist der faktische Projektverlauf zur Qualitätsverbesserung aus folgenden Gründen nicht genau prognostizierbar und deshalb der in der Abb. 4.2 relativ einfach dargestellte Problemlösekreislauf als ein vernetzter, iterativer Prozeß aufzufassen:

– Die *Ausgangsbedingungen* sind zu Beginn einer Projektphase nicht in allen Details bekannt.
– Jede Phase kann durch *organisationsexterne* (z.B. Gesetzesnovellierungen mit einhergehenden Änderungen der Finanzierungsmodi) und/oder *interne* Faktoren (z.B. Leitungswechsel, nicht bedachte Elemente und Informationen) beeinflußt werden. Es können beispielsweise Störungen in der Weise auftreten, daß in einem Projekt eine Reihe von Stadien gut bearbeitet wurden, sich aber während der Umsetzung des Plans unüberwindbare Hindernisse auftun.

Das Projektmanagement orientiert sich an den im folgenden beschriebenen Phasen. Diese Inhalte – dieses ‚prozedurale' Wissen als Element des Projektmanagement-Knowhows – sind Gegenstand der Fortbildung für die Qualitätsbeauftragen (s. Kap. 6.1). Für die Planung und Durchführung von Vorhaben zur Qualitätsentwicklung haben wir auf der Basis unserer langjährigen Erfahrungen in der Fortbildung von Mitarbeiterinnen aus Einrichtungen der Familienbildung eigene Instrumente bzw.

Materialien entwickelt.[25] Die vorgestellten Verfahren werden teilweise bereits während der Workshops bzw. der Fortbildung der Qualitätsbeauftragten praktisch illustriert und anschließend ‚back home' auf das in der eigenen Einrichtung durchgeführte Projekt transferiert. Diese Materialien sind deshalb so konzipiert, daß sie die Qualitätsgruppen bei der Lösung einer so komplexen Aufgabe – wie es die Realisierung eines Vorhabens zur Qualitätsverbesserung darstellt – durch weitgehend selbstgesteuerte und selbstverantwortete Prozesse unterstützen.

Die Projektfindung

Vor die eigentliche Bearbeitung eines konkreten Vorhabens zur Qualitätsverbesserung in einer Einrichtung ist die Zeit der Projektfindung und -entscheidung geschaltet. Das kann bedeuten – und so ist es im Modellprojekt geschehen –, daß die Qualitätsgruppe vor dem Hintergrund ihrer Organisationsdiagnose in Form einer Stärken-Schwächen-Analyse bis zu drei Vorhaben auswählt und diese in eine Rangfolge bringt, aus der dann ein Projekt zuerst in Angriff genommen wird. Für den Fall, daß zwischen mehreren möglichen Projekten gewählt werden muß oder sich mehrere Schwerpunkte bzw. Teilbereiche innerhalb eines weitgefaßten Projektthemas herauskristallisieren, die in diesem Umfang wahrscheinlich nicht alle verfolgt werden können, empfiehlt es sich nach der Abb. 4.3: *Auswahlkriterien für Projekte zur Qualitätsverbesserung* zu verfahren. In der Qualitätsgruppe werden die Projekte (oder das eine Projekt mit seinen Schwerpunkten bzw. Teilbereichen) beispielsweise im Hinblick auf ihre Machbarkeit, den Beitrag zur Umsetzung eines Leitbildes – so vorhanden – und Akzeptanz in der Einrichtung geprüft und gegebenenfalls ausgewählt. Das kann methodisch dadurch geschehen, daß die aufgelisteten Schwerpunkte von jedem Mitglied der Qualitätsgruppe zuerst individuell mit Plus (+), Minus (-) oder Durchschnitt (0) versehen werden und dann das Gruppenbild insgesamt erstellt wird. An diesem Kriterienkatalog[26] zeigt sich zugleich, daß die Auswahl für ein Vorhaben zur Qualitätsverbesserung bzw. die Eingrenzung eines zu weitgefaßten Projektthemas von der augenblicklichen und je spezifischen Lage einer Einrichtung in ihrem je besonderen regionalen Umfeld abhängig ist.

---

25 Auch zur Beziehungsgestaltung wurden Materialien entwickelt, die wir nach den sachstrukturellen Phasen darstellen (s. nächstes Kap. 5).
26 Die Qualitätsgruppe kann sich einen eigenen Kriterienkatalog zusammenstellen, aufgrund dessen sie ihre Entscheidungen trifft. Wichtig ist nur die Transparenz des Vorgehens in der Qualitätsgruppe.

Abb. 4.3: Auswahlkriterien für Projekte zur Qualitätsverbesserung

Kriterien →	Wichtigkeit + 0 -	Umsetzung des Leitbildes + 0 -	Dringlichkeit + 0 -	Machbarkeit + 0 -	Akzeptanz/ Unterstützung + 0 -
Projekt- themen →					
1					
2					
3					
...					
...					

© Schiersmann/ Thiel 2001

Phase: Analyse der Ist-/Problem- bzw. Ausgangssituation

Um ein Problem bzw. eine Projektaufgabe lösen zu können, ist es unumgänglich, eine Analyse der IST-Situation vorzunehmen. Nur so kann gewährleistet werden, daß Aktivitäten zur Lösung des Problems tatsächlich an relevanten Ursachen ansetzen. Eine solche IST-Analyse wird im Rahmen des Qualitätsmanagements durch die EFQM-orientierte Stärken-Schwächen-Analyse durchgeführt (s. Kap. 3.2). Falls die Qualitätsgruppe den Eindruck hat, daß die Stärken-Schwächen-Analyse für das Vorhaben zur Qualitätsverbesserung noch nicht detailliert genug war, sollte die IST-Situation in dem zu verbessernden Bereich noch einmal intensiver beleuchtet und die bisherige Analyse dementsprechend ergänzt werden. Hierzu eignet sich beispielsweise die sog. SOFT-Analyse, die Szenario-Technik oder die Konstruktion eines Kausalnetzes u.ä. (vgl. Schiersmann/Thiel 2000a, 61f., 156f.).

Phase: Zielklärung

Der nächste Schritt im Problemlöseprozeß ist die Phase der *Zielklärung*: „Was wollen wir mit unserem Vorhaben zur Qualitätsverbesserung erreichen?" Anhand von Übungen werden die Zielperspektiven des jeweiligen Projektthemas konkretisiert. Vor dem Hintergrund einer unerwünschten Ausgangssituation bzw. Schwächenfeststellung oder des Wunsches nach Verbesserung des Bestehenden in einer Organisation müssen die allgemeinen ‚*Rahmenziele*' als Soll-Situation eines Vorhabens zur Qualitätsverbesserung näher bestimmt und auf konkrete, anschaulich formulierte ‚*Ergebnisziele*' heruntergebrochen werden (s. Abb. 4.4: *Zielklärung*). Diese Operationalisierung von Projektzielen bis auf die Ebene von ‚Ergebniszielen' fällt manchmal schwer. Die Fragen: „Wenn die Qualitätsverbesserung erreicht ist: Woran können Sie anschaulich ablesen, daß das Ziel erreicht ist? Was ‚beobachten' oder ‚hören' Sie oder andere?" dienen im Prozeß der Qualitätsentwicklung zugleich als Kriterien, anhand derer man feststellen kann, ob und inwieweit das Ziel der Qualitätsverbesserung erreicht wurde. Die konkreten Antworten fördern das Nachdenken über die ‚Machbarkeit' eines Projekts im vorgesehenen Zeitrahmen und die ‚Meßbarkeit' von Erfolg und Mißerfolg. Bleibt das Zielkonzept diffus, global und schwammig – weil damit beispielsweise gleichzeitig eine unrealistische Vielzahl von verschiedenartigen Problemen aus Geschichte und Gegenwart einer Organisation behoben werden soll,

Abb. 4.4: Zielklärung

1. Wie benennen Sie Ihr Vorhaben zur Qualitätsverbesserung (*Arbeitstitel*)?

   _____

   _____

2. Welche *allgemeinen Ziele* (Rahmenziele) wollen Sie mit dem Vorhaben erreichen?

   _____

   _____

   _____

3. Konkretisieren Sie die *Ergebnisziele* (Frage: Woran können Sie anschaulich ablesen, daß das Ziel erreicht ist? Was ‚beobachten' oder ‚hören' Sie oder andere?)

   _____

   _____

   _____

   _____

© Schiersmann/ Thiel 2001

Abb. 4.5: Hinweise zum Arbeitsmaterial ‚Zielklärung'

- Bitte füllen Sie vor dem entsprechenden Treffen Ihrer Qualitätsgruppe zunächst individuell den Zielklärungsbogen für das zuvor bereits grob ausgewählte Vorhaben zur Qualitätsverbesserung aus.

- Sammeln Sie dann bei Ihrem Treffen mit Hilfe von Moderationskärtchen die Rahmenziele aller Gruppenmitglieder. Diskutieren Sie in der Gruppe Übereinstimmungen und Unterschiede und stellen Sie Konsens darüber her, welche Rahmenziele alle Gruppenmitglieder verbindlich erreichen wollen. Bitte bemühen Sie sich hierbei, auch ‚Minderheitenmeinungen' angemessen zu berücksichtigen, um zu gewährleisten, daß alle Gruppenmitglieder die Ziele mittragen und sich für deren Umsetzung einsetzen.

- In einem weiteren Schritt sammeln Sie in der Gruppe zu jedem der festgelegten Rahmenziele die zugehörigen Ergebnisziele – auf andersfarbigen Kärtchen - und ordnen Sie diese an der Pinnwand den entsprechenden Rahmenzielen zu. Diskutieren Sie auch hier wieder Übereinstimmungen und Unterschiede und einigen Sie sich pro Rahmenziel auf für alle Gruppenmitglieder verbindliche Ergebnisziele.

- Betrachten Sie abschließend in der Gruppe noch einmal Ihren ‚Zielbaum' bzw. ‚Zielplan' und prüfen Sie rückwärts, ob alle festgelegten Ergebnisziele geeignet sind, die jeweiligen Rahmenziele zu erreichen, und danach, ob alle Rahmenziele geeignet sind, das Projektziel (also das Ziel Ihres Vorhabens zur Qualitätsverbesserung) zu erreichen. Sollte es ‚Ungereimtheiten' geben, nehmen Sie bitte die erforderlichen Veränderungen vor – wiederum möglichst im Konsens.

© Schiersmann/ Thiel/ Pfizenmaier 2001

kann später nicht kontrolliert bzw. überprüft werden, ob und inwieweit das vereinbarte Ziel wirklich erreicht wurde. Die Abb. 4.5 (*Hinweise zum Arbeitsmaterial ‚Zielklärung'*) enthält nützliche Hinweise zur Erarbeitung von Rahmen- und Ergebniszielen.

Im Zusammenhang der Zielklärung kann auch der voraussichtliche *Nutzen* des Projekts für unterschiedliche ‚Abnehmer' bzw. ‚Kunden' (z.B. für das Klientel, die Einrichtung, die eigene Person, das Team) eingeschätzt und die persönliche *Motivation* zur Beteiligung an dem Projekt im Team offengelegt werden. Die Nutzenerwartung konkretisiert die Zielvorstellungen unter unterschiedlichen Verwendungsaspekten, und die Motivationsklärung beleuchtet die ‚Passung' zwischen der je persönlichen Bedeutsamkeit des Projekts und dessen Relevanz für die Einrichtung (vgl. Schiersmann/Thiel 2000a, 162ff.).

Phase: Lösungswege/Maßnahmen/Aktivitäten:
Der Projektstrukturplan mit Teilaufgaben und Arbeitspaketen

Nach dem Zielplan beginnt die kreative Suche nach Lösungsideen vor dem Hintergrund der formulierten Zielvorstellungen und der bisherigen Analyse der Problem- bzw. Ausgangssituation. Wie können die aufgestellten *Ergebnisziele* erreicht werden?

- Hierbei ist es wichtig, zunächst ohne ‚Schere im Kopf' brainstormartig alle Möglichkeiten in Erwägung zu ziehen. In der Qualitätsgruppe sollten alle möglichen Aktivitäten/Lösungswege/Maßnahmen gesammelt werden, durch die das Projektziel erreicht werden soll (s. Abb. 4.6: *Lösungswege/Maßnahmen/Aktivitäten zur Zielerreichung*). Jede Aktivität wird auf einer Moderationskarte notiert.
- Es ist sinnvoll, die herausgearbeiteten einzelnen Arbeitsschritte zuerst zu ‚bündeln' bzw. zu ‚clustern': Welche inhaltlich zu erledigenden Arbeitsschritte bzw. Aktivitäten gehören enger zusammen? Inhaltlich zusammengehörige Aktivitäten/Lösungswege sollten zu sog. *Arbeitspaketen* zusammengefaßt und evtl. mit einem Oberbegriff versehen werden (zum sog. Projektstrukturplan mit seinen Teilaufgaben und Arbeitspaketen s. Schiersmann/Thiel 2000a, 175ff.).
- Einige Arbeitspakete gehören untereinander inhaltlich/logisch enger zusammen. Sie bilden dann – wiederum mit einem gemeinsamen Kurztitel versehen – eine sog. ‚*Teilaufgabe*'. Die Teilaufgaben mit ihren jeweiligen Arbeitspaketen bilden den sog. ‚*Projektstrukturplan*'.

> Abb. 4.6: Lösungswege/ Maßnahmen/ Aktivitäten zur Zielerreichung

1. Welche Lösungswege/ Maßnahmen/ Aktivitäten halten Sie angesichts Ihrer Ziele beim Qualitätsprojekt für notwendig und sinnvoll?

   _____

   _____

   _____

   _____

2. Welche dieser Lösungswege/ Maßnahmen/ Aktivitäten gehören inhaltlich/ logisch enger zusammen (= ‚Arbeitspaket')? Geben Sie jedem dieser Arbeitspakete einen eigenen kurzen Titel/ Oberbegriff.

   _____

   _____

   _____

3. Welche Arbeitspakete gehören näher zusammen (= ‚Teilaufgabe')? Geben Sie jedem der Teilaufgaben einen eigenen Kurztitel.

   _____

   _____

© Schiersmann/ Thiel 2001

Ein Beispiel eines solchen Projektstrukturplans ist für das Qualitätsvorhaben zur Erhebung der Teilnehmerzufriedenheit in Abb. 4.7 dargestellt.[27]

Phase: Zeitliche, personelle und finanzielle Planung der Durchführung

Im Anschluß an die Sammlung von Lösungswegen und Maßnahmen zur Zielerreichung – systematisiert als Projektstrukturplan mit seinen Teilaufgaben und den jeweils dazugehörigen Arbeitspaketen – müssen die Mitglieder der Qualitätsgruppe den Prozeß der Durchführung bzw. Realisierung genauer planen. Um die Vorgaben des Projekts – insbesondere einen effizienten Umgang mit den knappen Ressourcen wie beispielsweise Zeit, Geld und Personal – realisieren zu können, müssen diese Prozesse vor der Durchführung detailliert geplant werden. Diese Planungen sind wiederum die Folie für die Kontrolle und Steuerung des Projektvorhabens während des Durchführungsprozesses (s. nächsten Abschnitt). Diese Pläne stellen zugleich eine weitere, im Vergleich zur vorigen Phase detailliertere Prüfung der Machbarkeit des Projekts und seiner Arbeitspakete dar – insbesondere unter zeitlichen, personellen und finanziellen Kapazitätsgesichtspunkten.

Projektmanagement ist das Planen und Steuern des Weges zur Zielerreichung mit (vor)gegebenen Ressourcen in einer begrenzten Zeit. Um diese Eckdaten einzuhalten, ist eine Planung notwendig. Die geplanten Lösungsschritte/Maßnahmen bzw. Arbeitspakete müssen nun über den gesamten Projektzeitraum verteilt werden. Bei diesem *Projektablaufplan* als Überblick über die zeitliche Abfolge der Arbeitspakete mit ihren Aktivitäten im Projektverlauf wird beispielsweise detaillierter geplant, wieviel Zeit die einzelnen Aktivitäten genau brauchen. Es muß berücksichtigt werden, ob es zwischen den einzelnen Aktivitäten Abhängigkeiten gibt: Welche Aktivität muß abgeschlossen sein, bevor mit einer anderen begonnen werden kann? Wer macht was mit wem bis wann? Reicht das veranschlagte Zeitbudget der Mitglieder der Qualitätsgruppe aus, um die zusammengetragenen Aufgaben in der vorgesehenen Zeit zu bewältigen? Wo liegen vermutlich kritische Zeitpunkte, an denen im Sinne von ‚Meilensteinen' über die Fortführung des Projekts entschieden werden muß bzw. dieses auf dem Spiel steht? Bevor zum Beispiel im Rahmen eines Projekts

---

27 Wir lehnen uns bei diesem Beispiel an Unterlagen eines Qualitätsprojekts von Wilhelm Bintig, Leiter der DRK-Familienbildungsstätte Hannover, an.

Abb. 4.7: Beispiel für einen Projektstrukturplan

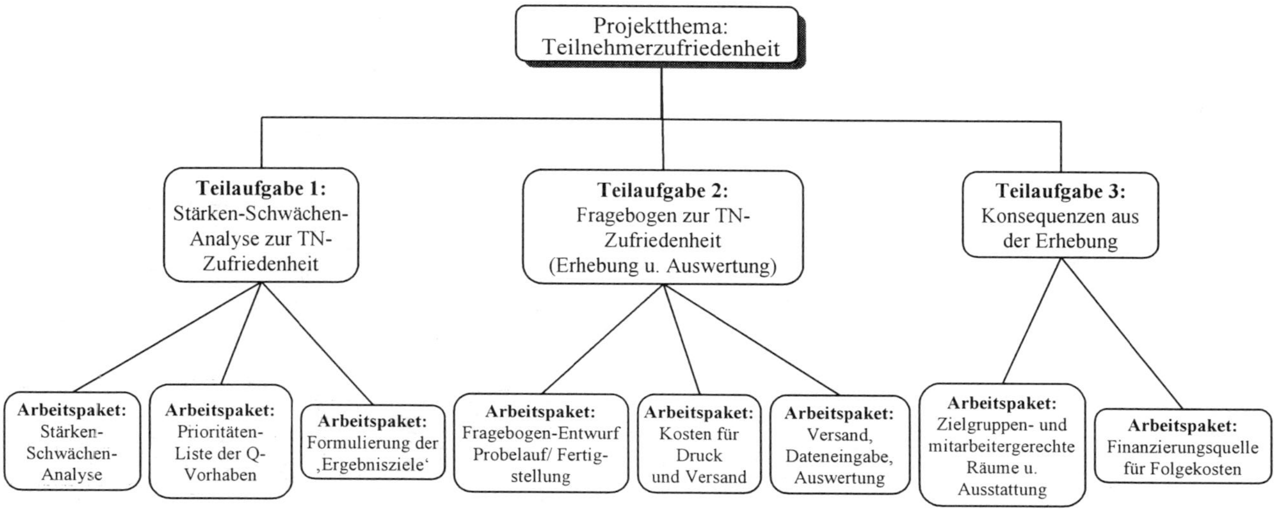

Projektthema: Teilnehmerzufriedenheit

- **Teilaufgabe 1:** Stärken-Schwächen-Analyse zur TN-Zufriedenheit
  - Arbeitspaket: Stärken-Schwächen-Analyse
  - Arbeitspaket: Prioritäten-Liste der Q-Vorhaben
  - Arbeitspaket: Formulierung der ‚Ergebnisziele'

- **Teilaufgabe 2:** Fragebogen zur TN-Zufriedenheit (Erhebung u. Auswertung)
  - Arbeitspaket: Fragebogen-Entwurf Probelauf/Fertigstellung
  - Arbeitspaket: Kosten für Druck und Versand
  - Arbeitspaket: Versand, Dateneingabe, Auswertung

- **Teilaufgabe 3:** Konsequenzen aus der Erhebung
  - Arbeitspaket: Zielgruppen- und mitarbeitergerechte Räume u. Ausstattung
  - Arbeitspaket: Finanzierungsquelle für Folgekosten

© Schiersmann / Thiel 2001

zur Qualitätsverbesserung die Druckvorbereitung eines Fragebogens zur Ermittlung der Teilnehmerzufriedenheit beginnen kann, muß der Fragebogen nicht nur von den Mitgliedern der Qualitätsgruppe, sondern evtl. auch von hierfür zuständigen Entscheidungsinstanzen freigegeben werden.

Als Instrument für eine zeitliche Ablaufplanung favorisieren wir *Balkenpläne* mit Anfangs- und Endpunkten von Vorgängen als relativ einfache Verfahren der Terminplanung und -verfolgung. Balkendiagramme können mit sog. *Meilensteinen* kombiniert werden (vgl. Schelle 1996, 87). Diese sind markante Ereignisse innerhalb der Realisierungsphase – beispielsweise am Ende der Durchführung eines zentralen Arbeitspaketes, von dessen termingenauer Realisierung der weitere Projektfortschritt abhängt. Für das Erstellen eines solchen Projektablaufplans haben wir eine Anleitung für die Bearbeitungsschritte in der Qualitätsgruppe beigefügt (s. Abb. 4.8: *Schritte für die zeitliche und personelle Planung*). Das in Abb. 4.9 (*Beispiel einer zeitlich-personellen Fein-Planung*) dargestellte Praxisbeispiel veranschaulicht das Endprodukt.

Beim Projektmanagement im Bildungs- und Sozialbereich stehen zu Beginn meistens eher die inhaltlichen und zeitlichen Planungen im Mittelpunkt. Erst mit der zunehmenden Konkretisierung der Projektidee sind z.B. Kosten einigermaßen abschätzbar. Über den zeitlichen und personellen Aspekt der Planung hinaus sollte jedoch die finanzielle Dimension nicht fehlen. Welche Kosten (Art und Umfang) werden verursacht (diese müssen schließlich bereitgestellt werden)? *Kapazitäts*[28]-, *Kosten-* und *Betriebsmittelpläne* (vgl. Keßler/Winkelhofer 1997, 175) dienen der Transparenz des durch das Projekt verursachten Aufwandes. Es ist auch bei den projektartigen Vorhaben zur Qualitätsverbesserung wichtig, in der Qualitätsgruppe Rechenschaft darüber abzulegen, welche sachlichen und personellen Kosten das Projekt verursacht. Denn ein zentrales Merkmal des Projektmanagements ist der effiziente Umgang mit begrenzten Ressourcen an Zeit, Personal und Finanzen.

Die Kalkulation von Kosten – hierfür gibt es allerdings keine allgemeingültige Gliederung der Kostenbestandteile (z.B. Personal, Betriebsmittel) – kann als ‚Grobschätzung' der Gesamtkosten des Projekts oder als genauere ‚Feinschätzung' vor dem Hintergrund der Ak-

---

28 Die Kapazitätsplanung ermittelt die personellen Aufwände jedes Arbeitspaketes über die gesamte Projektdauer. Reicht der Personalbedarf und reichen die von den einzelnen Mitgliedern eingebrachten Zeitbudgets für die Umsetzung des Arbeitspaketes?

Abb. 4.8: Schritte für die zeitliche und personelle Planung

1. Schritt: Zeichnen Sie auf einem Pinwandpapier eine senkrechte Achse für die Arbeitspakete mit den Aktivitäten/ Maßnahmen/ Lösungswegen und eine waagerechte Linie als Zeitschiene für den zur Verfügung stehenden Projektzeitraum für das Vorhaben zur Qualitätsverbesserung mit Anfangs- und Endtermin. Die linke Spalte mit den Aktivitäten/ Maßnahmen sollte mindestens so breit sein wie eine Moderationskarte. Die Zeitachse sollte - je nach zeitlicher Länge des Verbesserungsvorhabens - in Monate oder Vierteljahresabschnitte unterteilt werden.

2. Schritt: Schreiben Sie die Maßnahmen/ Aktivitäten der ‚Arbeitspakete' der letzten Fassung des Projektstrukturplans - soweit noch nicht geschehen - auf Moderationskarten bzw. -streifen und ordnen Sie diese - möglichst nach logischer Zusammengehörigkeit und zeitlicher Reihenfolge - untereinander an. (Was baut aufeinander auf?) Der Zeitbedarf aller Maßnahmen/ Aktivitäten sollte grob geschätzt und als Arbeitstage, Wochen oder Monate auf dem Kärtchen vermerkt werden.

3. Schritt: Tragen Sie die einzelnen Maßnahmen/ Aktivitäten der ‚Arbeitspakete' als Balken auf der Zeitschiene ab, indem Sie - z.B. mit einem dicken Filzstift - den spätesten Beginn und das späteste Ende verbinden. Statt mit der terminlich ersten Aktivität bzw. Arbeitspaket zu beginnen, schlagen wir das aufgabengerechtere und realistischere Verfahren der 'Rückwärtsrechnung' vor: Vom Projektendtermin her wird rückwärts die zeitlich letzte Aktivität (bzw. das Arbeitspaket) zuerst als Balken eingetragen, dann das vorletzte usw. - bis alle Aktivitäten in das Balkendiagramm eingetragen sind. Häufig ist die Durchführung einer Aktivität/ eines Arbeitspaketes davon abhängig, daß ein anderes vorher beendet wurde. Markieren Sie diese Abhängigkeitsbeziehung durch einen Pfeil.

4. Schritt: Tragen Sie ‚markante' Zeitpunkte im Sinne von Meilensteinen, bis zu denen zentrale Maßnahmen erledigt oder schwierige Entscheidungen über die Fortsetzung des Qualitätsvorhabens getroffen sein müssen, grafisch beispielsweise durch senkrechte, gestrichelte Linien ein.

5. Schritt: Die Mitglieder der Qualitätsgruppe tragen sich - je nach inhaltlicher Motivation, Kompetenzen und ihren sonstigen Zeitverpflichtungen - namentlich für einzelne Aktivitäten bzw. Arbeitspakete ein, die sie verantwortlich durchführen wollen. Damit ist eine zentrale Frage beantwortet: *Wer macht was mit wem bis wann?*

6. Schritt: Diskutieren und beantworten Sie zum Schluß die Frage, ob sich die Qualitätsgruppe vor dem Hintergrund dieser groben Zeitplanung in der Lage sieht, die Arbeitspakete in diesem Zeitrahmen zu realisieren.

© Schiersmann/ Thiel 2001

Abb. 4.9: Beispiel einer zeitlich-personellen (Fein-) Planung

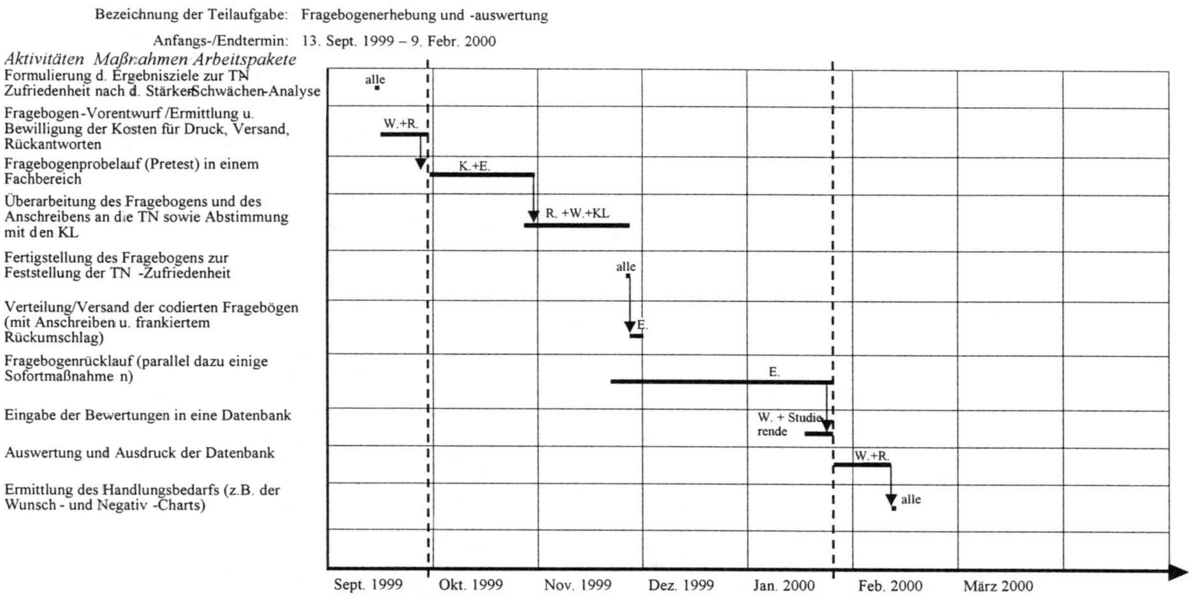

Bezeichnung der Teilaufgabe: Fragebogenerhebung und -auswertung
Anfangs-/Endtermin: 13. Sept. 1999 – 9. Febr. 2000

Aktivitäten Maßrahmen Arbeitspakete

Formulierung d. Ergebnisziele zur TN
Zufriedenheit nach d. Stärker/Schwächer-Analyse

Fragebogen-Vorentwurf/Ermittlung u.
Bewilligung der Kosten für Druck, Versand,
Rückantworten

Fragebogenprobelauf (Pretest) in einem
Fachbereich

Überarbeitung des Fragebogens und des
Anschreibens an die TN sowie Abstimmung
mit den KL

Fertigstellung des Fragebogens zur
Feststellung der TN -Zufriedenheit

Verteilung/Versand der codierten Fragebögen
(mit Anschreiben u. frankiertem
Rückumschlag)

Fragebogenrücklauf (parallel dazu einige
Sofortmaßnahme n)

Eingabe der Bewertungen in eine Datenbank

Auswertung und Ausdruck der Datenbank

Ermittlung des Handlungsbedarfs (z.B der
Wunsch - und Negativ -Charts)

© Schiersmann / Thiel 2001

tivitätenliste eines Arbeitspaketes geschehen (vgl. Kraus/Westermann 1997, 117). Das schwierige Ermitteln des tatsächlichen finanziellen Aufwands kann sowohl im Ressourcenverbrauch der Mitglieder der Qualitätsgruppe bestehen als auch in weiteren Geldausgaben (vgl. Kraus/Westermann 1997, 81f.). Im Bildungs- und Sozialbereich kann davon ausgegangen werden, daß die Leitung bzw. der Träger im Vorfeld des Projektvorhabens darüber entschieden hat, welche Kostenarten dem Projekt zugerechnet werden – ob der Aufwand für am Projekt beteiligte (interne) Mitarbeiterinnen auf *Vollkosten-Basis* gerechnet wird (= ‚Gesamtkostenrechnung'), wozu auch die Lohnausfallkosten der am Projekt beteiligten Mitarbeiterinnen als Projektkosten zählen, oder auf *Mehrkostenbasis* (= ‚Teilkostenrechnung'). Zu unterscheiden ist dabei zwischen den Kosten, die für die Durchführung der Projektbearbeitung innerhalb des Projektzeitraums anfallen (z.B. die Arbeitszeit der Beteiligten), und den späteren ‚Folgekosten' nach Abschluß des Projekts (z.B. die für die Umsetzung der erarbeiteten Ergebnisse entstehenden Produktkosten). Zu den möglichen Kosten (auf jeweils eine der beiden Kostenrechnungen bezogen) zählen projektbezogene Verwaltungskosten und Kosten beispielsweise für externe Berater oder grafische Entwürfe von professionellen Designern (beispielsweise für Deckblätter von Zeitungen oder Programmbroschüren) oder/ und die Durchführung von sog. Test- oder Pilotprojekten während des Projektzeitraums (z.B. Fortbildungen für bestimmte Zielgruppen, Durchführung von umfangreichen Fragebogenaktionen beispielsweise zur Teilnehmerzufriedenheit).

Diese zeitliche, personelle und finanzielle Kalkulation stellt zugleich einen Ansatz des Controlling dar, der über die grobe Einschätzung der Machbarkeit des Vorhabens in der Phase der Projektfindung hinausgeht. Als Resultat kann bei dieser Planung der Realisierung evtl. herauskommen, daß gewisse Arbeitspakete bzw. Aktivitäten verändert – evtl. ‚abgespeckt'- oder ganz fallengelassen werden müssen.

Projekte im Bildungs- und Sozialbereich können – verglichen mit produktorientierten Projekten im erwerbswirtschaftlichen Bereich (z.B. die Entwicklung eines Motors oder der Bau eines Hauses) – häufig nicht einmal, d.h. von Anbeginn bis zum Endtermin im Detail ‚durchgeplant' werden. Häufig ist es deshalb – besonders bei umfangreichen Arbeitspaketen – ratsam, das oben beschriebene Planungsverfahren auch auf einzelne Arbeitspakete anzuwenden.

Einschätzung von Risiken und Prüfung der Machbarkeit der Projektdurchführung

Nach der Konstruktion von Lösungswegen/Maßnahmen und dem zeitlichen und personellen Planungsverfahren sowie der Berechnung des finanziellen Aufwandes, muß – vor dem Hintergrund beispielsweise der vorhandenen Ressourcen an Zeit, Personal und Finanzen – die Frage der Machbarkeit aller bzw. einzelner Maßnahmen geprüft und entschieden werden. Dazu gehören die Einschätzung der förderlichen bzw. hinderlichen Einflußfaktoren auf die Durchführung sowie das Bewußtmachen möglicher Risiken während des Umsetzungsprozesses. Dieser Vorgang kann unter Umständen zur Folge haben, daß einzelne Aktivitäten abgeändert oder fallengelassen werden müssen oder/und zwischen mehreren alternativen Maßnahmen bzw. Wegen zur Zielerreichung ausgewählt werden muß. Wir behandeln das Thema der Einschätzung der Machbarkeit und der Entscheidungsfindung an dieser Stelle, weil sie spätestens hier behandelt werden sollten, obwohl es in der Qualitätsgruppe bereits in früheren Phasen auftreten kann – beispielsweise in der Phase der Projektfindung (s. Abb. 4.3) oder des Aufstellens des Projektstrukturplans (s. Abb. 4.7). Dazu müssen gemeinsame Kriterien für die Machbarkeit und Entscheidung zugrundegelegt werden. Für diesen Vorgang schlagen wir mehrere methodische Gestaltungsmöglichkeiten vor, die in der Qualitätsgruppe alternativ oder nacheinander eingesetzt werden können:

In dieser Planungsphase muß – wie gesagt – eingeschätzt werden, ob die verschiedenen Lösungswege und geplanten Maßnahmen angesichts hinderlicher und förderlicher Einflußfaktoren überhaupt realisierbar sind. Anhand der Abb. 4.10 (*Förderliche und hinderliche Einflußfaktoren auf die Durchführung*) können die für die Durchführung der geplanten Maßnahmen/Aktivitäten zur Verfügung stehenden förderlichen Faktoren (Ressourcen/Potentiale) den hinderlichen Faktoren (Stressoren) gegenübergestellt werden. Dieses Vorgehen bedeutet eine Prüfung der Machbarkeit der geplanten Projektbearbeitung, befördert den Prozeß der Entscheidungsfindung und stellt insofern zugleich ein frühes Controlling dar.

In diesen Zusammenhang gehört auch die Abschätzung zukünftiger Risiken angesichts der vorgesehenen Maßnahmen-, Zeit- und Kostenplanungen (s. Abb. 4.11: *Risikoanalyse*). Die grobe Einschätzung der Wahrscheinlichkeit des Auftretens spezifischer, mit dem Vorhaben zur Qualitätsverbesserung zusammenhängender Probleme kann den

Abb. 4.10: Förderliche und hinderliche Einflußfaktoren auf die Durchführung

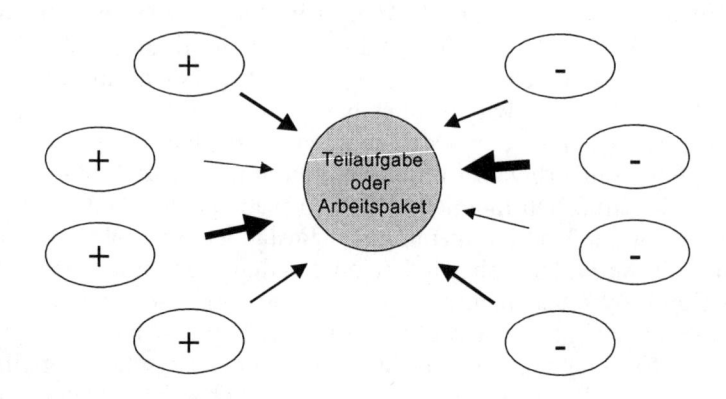

Bearbeitungsschritte:

- Eine Teilaufgabe oder ein Arbeitspaket im Mittelpunkt eintragen.
- Sammeln wichtiger Einflußgrößen auf Moderationskärtchen. Diese Einflußfaktoren werden im Hinblick auf ihre *förderlich-positive* (= Potentiale/ Ressourcen) oder *hinderlich-negative* (= Risiken) *Qualität* durch Symbole gekennzeichnet (z.B. + oder -) oder durch unterschiedliche Farben der Kärtchen.
- Die *Stärke* des Einflusses (förderliche wie hinderliche) wird durch die Breite des Pfeils markiert.

Auswertungsfragen beziehen sich auf folgende Aspekte:

- Gibt es *Gemeinsamkeiten* jeweils innerhalb der *förderlichen* und innerhalb der *hinderlichen* Einflußfaktoren?
- Lassen sich innerhalb der hinderlichen Bedingungen *nicht beeinflußbare* bzw. *nicht lenkbare Variablen* feststellen, die die Durchführung bzw. Zielerreichung gefährden können?
- Wenn Sie das Gesamtbild betrachten: Wie sieht das *Verhältnis* von förderlichen zu hinderlichen Einflüssen auf die Durchführung aus, wobei die Stärke der Faktoren berücksichtigt werden sollte?

© Schiersmann/ Thiel 2001

Abb. 4.11: Risikoanalyse

Es gibt kein Projekt ohne Risiken!

- Welche Probleme, Ereignisse und Entwicklungen können in Zukunft auftreten, die die Durchführung des Projekts gefährden?

_____

_____

- Wie wahrscheinlich ist das Eintreten des Problems?

_____

_____

- Worin liegen die Ursachen und wie ernsthaft wären die Folgen?

_____

_____

- Was kann man dagegen tun (präventive oder korrigierende Maßnahmen)?

_____

_____

- Wann muß die Risikoanalyse wiederholt werden?

_____

_____

© Schiersmann/ Thiel 2001

Entscheidungsprozeß für oder gegen bestimmte Lösungsideen bzw. geplante Maßnahmen ebenfalls beeinflussen und zu alternativen Maßnahmen führen.

Durch die Bearbeitung des Arbeitsmaterials Abb. 4.12 (*Kriterien für die Machbarkeit des Vorhabens zur Qualitätsverbesserung*) kann abschließend eine Entscheidung über die Realisierbarkeit des geplanten Vorhabens getroffen werden. Die Zeichen ‚+' bedeuten ‚machbar', ‚0' heißt ‚unklar' bzw. ‚unentschieden' und ‚-' bedeutet ‚nicht machbar'. Hier haben wir nicht nur eher ‚harte' Gesichtspunkte – wie die Kategorien Zeit, Finanzen und Personal – aufgeführt, sondern auch eher ‚weiche' wie beispielsweise die Frage nach den (nicht)vorhandenen Kompetenzen für die Bearbeitung der vorgeschlagenen und geplanten Maßnahmen bzw. Lösungswege. Um die Machbarkeit der geplanten Aktivitäten/Lösungswege ausreichend zu berücksichtigen und zu diskutieren, kann die Abbildung um weitere, für die Einrichtung wichtige Kriterien ergänzt werden (z.b. Grad der Akzeptanz bei verschiedenen ‚Kunden'). Sollte sich beispielsweise herausstellen, daß sich die Projektmitglieder beim Zeitaufwand verschätzt haben und die Arbeitszeit für die Bearbeitung des Arbeitspaketes nicht zur Verfügung steht, sollten weitere Korrekturen angebracht werden. Evtl. muß der Zeitbedarf oder die zeitliche Abfolge einzelner Aktivitäten modifiziert werden. Unter Umständen hat diese Machbarkeitsprüfung eine Korrektur des bisherigen Zielkatalogs oder Maßnahmenkonzepts zur Folge. In besonderen Situationen (wenn beispielsweise mindestens zwei ‚harte' Kriterien von allen Mitgliedern der Qualitätsgruppe mit ‚-' angekreuzt wurden) ist zu überlegen, ob das Projekt nicht wegen ungünstiger Rahmenbedingungen stark modifiziert, abgebrochen oder durch ein anderes Vorhaben ersetzt werden sollte. Dieser Fall ist mehrfach vorgekommen und zeugt eher von einem Verantwortungsgefühl und realistischer Einschätzung der Bedingungen und Risiken als von Inkompetenz. Häufig führt diese Machbarkeitsprüfung zum Abspecken des Qualitätsvorhabens. Beispielsweise nahm eine Qualitätsgruppe Abschied von dem Vorhaben, die Zufriedenheit *aller* Teilnehmer *aller* Angebotsbereiche zu erheben und auszuwerten, sondern beschränkte sich auf ausgewählte Fachbereiche.

Abb. 4.12: Kriterien für die Machbarkeit des Projekts zur Qualitätsverbesserung

	+	0	-
Zeit			
Finanzen			
Personal			
Vorhandene Kompetenzen			
Rahmenbedingungen (Träger-, gesetzliche Vorgaben)			

© Schiersmann / Thiel 2001

Phase: Controlling und Steuerung des Vorhabens zur Qualitätsverbesserung während der Durchführungsphase

Die Durchführung der vorgesehenen Lösungsschritte vollzieht sich in der Regel nicht als eine bloß technische Umsetzung der Planung. Es ist davon auszugehen, daß sich während der Durchführung der Aktivitäten bzw. Arbeitspakete zur Qualitätsverbesserung gegenüber der ursprünglichen Planung *Abweichungen* ergeben. Während der gesamten Arbeit am Vorhaben zur Qualitätsverbesserung, insbesondere aber während der Realisierungsphase, ergibt sich folglich die Notwendigkeit, diesen Prozeß systematisch zu überwachen (Controlling) und – bei bedeutsamen Abweichungen von der Planung (Ist-Soll-Vergleich) – geeignete (Gegen-) Maßnahmen (Steuerung) zu ergreifen (s. Abb. 4.13: *Controlling und Steuerung*).

Grundsätzlich besteht der Controlling- und Steuerungsprozeß aus *drei Phasen*:

1) Erfassung des Ist-Standes
Zuerst muß der erreichte Stand zu einem bestimmten Zeitpunkt beobachtet bzw. festgestellt werden.

2) Feststellen von Abweichungen und Analyse der Ursachen
Hier geht es um die Art und das Ausmaß von Abweichungen zwischen den Planungsvorgaben und der tatsächlichen Situation. Um den Projektfortschritt und einen erfolgreichen Projektabschluß nicht nachhaltig zu gefährden, ist es erforderlich, Abweichungen von der Planung zunächst genau festzustellen und zu analysieren. Es ist wichtig, die Analyse von Abweichungen innerhalb der Realisierungsphase möglichst frühzeitig vorzunehmen, um beispielsweise bei Terminverzögerungen den sog. ‚*Dominoeffekt'* zu vermeiden (vgl. Schelle 1996, 76).

Im einzelnen lassen sich zur Feststellung der Abweichungen die folgenden *Instrumente* bzw. *Settings* anwenden:

- *Sitzungen* und *Protokolle* der Qualitätsgruppe
- Heranziehung des *Balkendiagramms* zur zeitlichen Planung, da es auf einen Blick ermöglicht, zu überprüfen, ob die verabredeten Arbeitspakete bzw. Aktivitäten zu dem vorgesehenen Zeitpunkt bewältigt worden sind.
- Überprüfung der Einhaltung der verabredeten *Meilensteine*, die in der Regel mit dem Abschluß einer Projektphase verbunden sind.

Abb. 4.13: Controlling und Steuerung

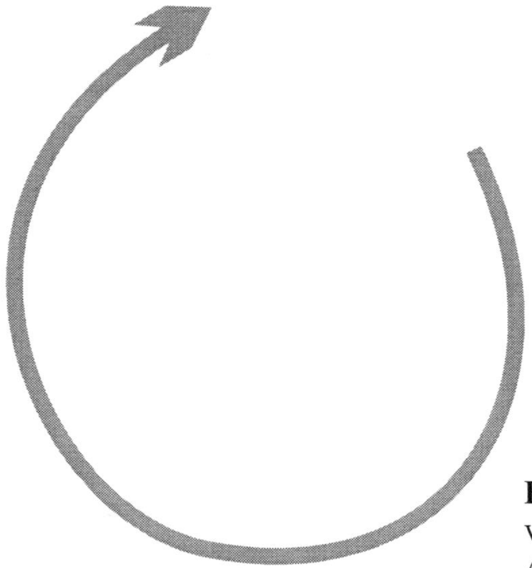

Erfassen des augenblicklichen **Ist-Zustandes**

Feststellung der Abweichungen vom (Planungs-)Soll; **Analyse** der Ursachen

© Schiersmann / Thiel 2001

Bewertung der Abweichung

(Gegen-)Steuerung durch
- Veränderung der Ziele
- Veränderung der Maßnahmen

Spätestens bei den Meilensteinen müssen (Zwischen-)Ergebnisse danach beurteilt werden, ob und inwieweit der geplante und der faktische Verlauf voneinander abweichen.
- Bei einer *Trendanalyse* geht es nicht darum, den aktuellen Stand im Hinblick auf die Ist-Soll-Abweichung zu ermitteln, sondern Aussagen darüber zu erarbeiten, ob die Ziele – z.b. der nächsten Meilensteine – wie verabredet eingehalten werden können (im Sinne eines antizipatorischen Controllings). Das rückblickende Controlling beinhaltet den Nachteil, daß meistens bei der Feststellung von Abweichungen, ‚das Kind bereits in den Brunnen gefallen ist'. Daher kommt es darauf an, auch zukunftsbezogene Daten auszuwerten, um antizipatorisch steuern zu können.

Die *Ursachen* für Abweichungen können vielfältig sein, z.B.:

- Verabredete Termine können aus bestimmbaren Gründen nicht ‚eingehalten' werden.
- Der erforderliche Personalbedarf wurde unterschätzt.
- Es sind Fehler in der Arbeitsausführung aufgetreten (z.B. erweisen sich durchgeführte Interviews als wenig ergiebig).
- Externe Einflüsse zwingen zu einer Kurskorrektur (z.B. Veränderungen rechtlicher oder finanzieller Rahmenbedingungen, andere Vorstellungen aufgrund eines Leitungswechsels in der Einrichtung).
- Psychosoziale Faktoren beeinträchtigen den Projektfortschritt (z.B. Konflikte in der Qualitätsgruppe, Motivationsabfall).

3) Bewertung und Einleitung von (Gegen-)Steuerungsmaßnahmen
Die festgestellten Abweichungen mitsamt den Ursachenerklärungen müssen anschließend im Hinblick auf ihre Bedeutung für den Fortgang des Projekts bewertet werden. Auf dieser Basis ist dann zu entscheiden, ob eine Gegensteuerung als Maßnahme zur Korrektur der eingetretenen oder erwarteten Abweichungen erforderlich ist und wie diese aussehen kann. Steuerungsmöglichkeiten können auf der Sachebene (z.B. Termine, Kosten, Leistungen und Arbeitsbedingungen) und Beziehungsebene (z.B. Motivation der Mitarbeiter, Führungsverhalten) oder auf beiden Ebenen gleichzeitig ansetzen.

Es lassen sich u.a. folgende Ansatzpunkte für eine *Korrektur von Ist-Soll-Abweichungen* benennen:

- Neudefinition der Projektziele, insbesondere Reduktion der im vorgesehenen Projektzeitraum zu erreichenden Ziele,

- Veränderte Maßnahmen/Wege: z.B. Weglassen oder Reduzieren einzelner Arbeitspakete, ‚Strecken' des Zeitplanes,
- Erhöhung der beteiligten Mitarbeiterinnen bzw. deren Freistellung für die Projektarbeit,
- Maßnahmen zur Motivierung der Projektmitglieder (z.B. durch eine Supervision oder Klausur zur Teamentwicklung),
- Bearbeitung von Konflikten in der Qualitätsgruppe,
- Abbruch des Vorhabens zur Qualitätsverbesserung. Wenn sich die Rahmenbedingungen für die Durchführung des Vorhabens zur Qualitätssicherung so entscheidend verändert haben, daß ein erfolgreicher Abschluß unwahrscheinlich geworden ist, ist es manchmal sinnvoller, sich möglichst frühzeitig für den *Abbruch* des Vorhabens zu entscheiden, statt trotz ungünstiger Bedingungen weiterzuarbeiten und sich nur Frust und Mißerfolg einzuhandeln.

Bei der Auswahl von Maßnahmen zur (Gegen-)Steuerung ist zu beachten, daß diese wiederum erwünschte oder unerwünschte *Nebeneffekte* erzeugen können, die mitbeachtet werden müssen. Maßnahmen zur Zeit- oder Kosteneinsparung können mit einem Qualitätsverlust des Projektergebnisses einhergehen. Beispielsweise kann eine vergleichsweise schlechter ausgestattete Zeitung, die zudem noch schneller erscheinen soll, ihre beabsichtigte Wirkung in der Öffentlichkeit verfehlen.

Die Projektsteuerung zählt zunächst zu den Aufgaben der Qualitätsbeauftragten, die dabei von der Qualitätsgruppe unterstützt wird. Ist die Leitung Mitglied der Qualitätsgruppe, so ist auf Rollenklarheit zu achten: Spricht die Leitung in ihrer Funktion als Mitglied der Qualitätsgruppe oder nimmt sie ihre Leitungsfunktion wahr? Letzteres kann z.B. bei verabredeten Meilensteinen sowie bei größeren Krisen und Konflikten der Fall sein, wenn die Zielerreichung in der gegebenen Zeit und mit den vorhandenen Ressourcen gefährdet ist.

Phase: Evaluation und Transfer

Wir legen auf das Controlling während der Durchführungsphase und auf die Feststellung und Bewertung des ‚Erfolges' in der Phase der Evaluation und des Transfers sehr viel wert. Aus der Analyse der am EFQM-Modell orientierten Stärken-Schwächen-Analyse der 47 Einrichtungen der Familienbildung in den drei Bundesländern hatte sich nämlich ergeben (s. Kap. 3.3), daß nach der Selbsteinschätzung der

Mitglieder der Qualitätsgruppe Ziele und Wege der Umsetzung der Qualitätsentwicklung bei den Kriterien noch gut ausgeprägt waren, aber die Wirksamkeitsüberprüfung als Teil des Controllings und der Evaluation fast durchgängig zu wünschen übrig ließ (s. Abb. 3.13).

Am Ende des Qualitätsprojekts stehen als eine Art ‚End-Kontrolle' die Evaluation der Qualitätsverbesserung durch das Projekt und sein Transfer in die Einrichtung im Mittelpunkt. Da es keine allgemeinverbindlichen Erfolgskriterien gibt, haben wir in der Abb. 4.14: *Feststellung und Bewertung der Qualitätsverbesserung* bzw. des Projekterfolges systematische Anregungen zusammengestellt. Diese können zur Grundlage der Diskussion sowohl innerhalb der Qualitätsgruppe als auch mit den übrigen Organisationsmitgliedern gemacht werden:

- Inwieweit ist das gewünschte Ergebnis erreicht worden? Was haben wir geschafft? Hierzu gehört die Präsentation und Diskussion der Ergebnisse und Erfahrungen – im Hinblick auf das ‚Produkt' und/oder den Prozeß der Bearbeitung. Das betrifft sowohl die Feststellung und Bewertung des Grades der Zielerreichung (= Effektivität) als auch der Effizienz der durchgeführten Lösungswege/Maßnahmen.
- Es ist wichtig, daß die Ergebnisse und Lernerfahrungen durch das Projektmanagement ‚gesichert' bzw. die Veränderungen ‚institutionalisiert' werden. Andernfalls hätte es sich bei dem Vorhaben zur Qualitätsverbesserung um ein ‚Sandkastenspiel' gehandelt. Die längerfristige Weiterentwicklung kann beispielsweise darin bestehen, daß die Arbeits- und Lernform ‚Projekt zur Qualitätsverbesserung' mit anderen Aufgaben fortgesetzt wird. Die beteiligten Einrichtungen haben zumeist entweder während des Fortbildungszeitraums ein weiteres Projekt in Angriff genommen, das sich teilweise aus dem alten entwickelt hat, oder versichert, in Zukunft mit dieser Arbeits- und Lernform weiterzuarbeiten.
- Die Mitglieder der Qualitätsgruppe müssen nach Auflösung des offiziellen Projekts in ihre angestammten Arbeitskontexte ‚reintegriert' werden. Für die Bearbeitung weiterer Qualitätsvorhaben, die sich aus der EFQM-orientierten Organisationsdiagnose in Form einer Stärken-Schwächen-Analyse ergeben haben, müssen evtl. neue Qualitätsgruppen gebildet werden.

Abb. 4.14: Feststellung und Bewertung der Qualitätsverbesserung

	Produkt	Prozeß	Transfer
Was wird im Hinblick auf die Qualitätsverbesserung festgestellt und bewertet?			
Wer stellt die Qualitätsverbesserung fest und bewertet sie? • Innenperspektive der Projektmitglieder • Außenperspektive (andere Mitarbeiter/-innen, Koordinationsgruppe ...)			
Maßstab der Bewertung der Qualitätsverbesserung: • Vergleich mit früheren Leistungen der Einrichtung • Vergleich mit (externen) Standards • Vergleich mit anderen Einrichtungen			
Wann (Zeitpunkt) wird die Qualitätsverbesserung festgestellt? • Am Ende des Projekts • ½ Jahr bzw. 1 Jahr danach			
Wie geschieht die Prüfung der Qualitätsverbesserung? • ‚Subjektive' Wahrnehmung • ‚Objektive' Indikatoren			
• In welchem Umfang wurden die Ziele erreicht (=*Effektivität*)? • Wie optimal waren die Wege/ Maßnahmen zur Zielerreichung (=*Effizienz*)?			

© Schiersmann / Thiel 2001

4.3 Erfahrungen mit dem Projektmanagement

Kurz vor Ende des Modellprojekts haben wir die Mitglieder der Qualitätsgruppen und die Qualitätsbeauftragten schriftlich befragt[29] – u.a. im Hinblick auf den Prozeß der Gestaltung der Vorhaben zur Qualitätsverbesserung. Das betrifft

- die Gründe für die *thematische Wahl* des Vorhabens zur Qualitätsverbesserung sowie mögliche *Veränderungen eines ursprünglichen Themas* im Prozeßverlauf,
- den *Einsatz*, die inhaltliche *Verständlichkeit* und den *Nutzen* der verwandten *Materialien*,
- rückblickende Beurteilung des *Zielfindungsprozesses*,
- die Erfahrungen mit der *Zeitplanung*,
- den Grad der (erwarteten) *Zielerreichung* und bereits festgestellte *Auswirkungen auf die Einrichtung* und
- die Frage einer *zukünftigen Weiterarbeit* mit dem erprobten Qualitätskonzept.

Bei unserer Befragung wollten wir u.a. feststellen, welche Aspekte im Anschluß an die organisationsumfassende Stärken-Schwächen-Analyse für die *thematische Auswahl* der tatsächlich bearbeiteten Qualitätsvorhaben ausschlaggebend waren. Drei Viertel der Befragten gaben als Auswahlkriterium den großen Handlungsbedarf – entweder aufgrund interner (= 50%) oder externer Einflußfaktoren (= 25%) – an (z.B. die aktuelle Situation in der Familienbildungsstätte aufgrund von Stellenkürzungen oder Rückgang der Teilnehmerzahlen). Aber auch die Machbarkeit des Vorhabens im Hinblick auf den Umfang und das Interesse am Thema spielten bei ungefähr einem Drittel der Befragten eine entscheidende Rolle. Gut ein Drittel (35%) der Mitglieder der Qualitätsgruppen gab an, daß sich das Thema des Vorhabens zur Qualitätsverbesserung im Laufe der Bearbeitung verändert hat, wobei es sich in den meisten Fällen nur leicht verschoben hat. So gaben Befragte z.B. an: „Die Zielgruppe der Befragung wurde konkretisiert." Die Gründe für die Veränderung bestanden hauptsächlich darin, daß das Thema inhaltlich zu weit gefaßt war, das Vorhaben als zeitlich nicht durchführbar erschien oder zu ungenau formuliert war.

---

29 Der für wissenschaftliche Untersuchungen weit überdurchschnittliche Rücklauf von 96% (aus allen Einrichtungen mit insgesamt 198 Mitgliedern der Qualitätsgruppen) unterstreicht das hohe Engagement der Qualitätsgruppen und die Bedeutsamkeit der Ergebnisse.

Dieses Ergebnis unterstreicht, wie wichtig eine detaillierte Zielklärung und die genaue Zeitplanung sind.

Offensichtlich haben 83% der Mitglieder der Qualitätsgruppen alle bzw. den größten Teil der in der Fortbildung verteilten und erläuterten *Arbeitsmaterialien* eingesetzt. Diese umfaßten insbesondere Arbeitsblätter zur Zielklärung, zur zeitlichen und personellen Planung, zu den Kriterien der Machbarkeit, zum Controlling und zur Bilanz des Erfolges. In Bezug auf die *inhaltliche Verständlichkeit* fanden insgesamt 82% der Mitglieder der Qualitätsgruppen die Materialien gut bzw. eher gut verständlich und ebenso viele (85%) fanden die methodischen Anregungen hilfreich bzw. eher hilfreich für den Prozeß der Planung und Umsetzung der Vorhaben zur Qualitätsverbesserung. Bereits während der Arbeit der Qualitätsgruppen wurden – wie die Rückmeldungen von den Workshops zeigen – bestimmte methodische Verfahren für andere Arbeitsbereiche übernommen (z.B. wird der Protokollbogen – s. Abb. 5.3 – jetzt auch für Dienstbesprechungen verwandt.)

Der Prozeß der *Zielfindung/Zielklärung* hat nach Auffassung fast aller befragten Mitglieder der Qualitätsgruppen (95%, s. Abb. 4.15) die *Orientierung für die weitere Arbeit* erleichtert und zur *Klärung der unterschiedlichen Vorstellungen* beigetragen (81%), obwohl es für viele ungewohnt war, *Ziele sprachlich genau auszuformulieren*, und auch nicht als leicht empfunden wurde, die *unterschiedlichen Zielvorstellungen* in der Qualitätsgruppe *zu vereinbaren*. Diese positive Bewertung unterstützt unsere Auffassung von der wichtigen Orientierungsfunktion der Zielplanung bzw. -klärungsphase für den weiteren Problemlöseprozeß. Es ist den meisten Einrichtungen gelungen, Interessen und Motivationen der einzelnen Mitglieder der Qualitätsgruppe abzuklären, Widerstände abzubauen und einen Konsens über die Ziele eines Vorhabens zur Qualitätsverbesserung herzustellen. Damit wurde eine wesentliche Voraussetzung für deren erfolgreiche Umsetzung geschaffen. Die Wichtigkeit dieser Phase wird auch durch die hohe Zustimmung (88%) zu der Aussage untermauert, daß die *Zielklärung die spätere Ergebniskontrolle erleichtert* hat, womit auch diese Funktion einer Zielplanung deutlich wird. Die Hälfte der Befragten hat darauf hingewiesen, wie schwierig es ist, Rahmen- von Ergebniszielen sowie die Maßnahmen von den Zielen zu unterscheiden.

Nach unseren Erfahrungen sind in pädagogischen Einrichtungen tätige Mitarbeiterinnen in der Regel kompetent und erfahren in der Ziel-

Abb. 4.15: Beurteilung des Zielklärungsprozesses

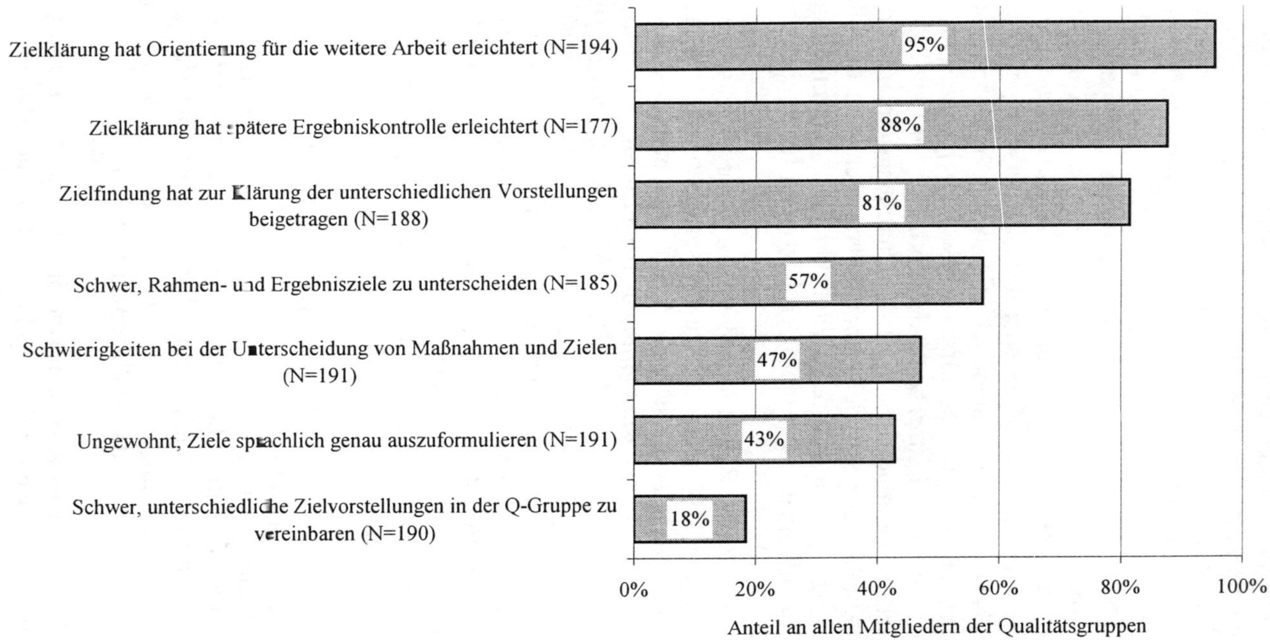

- Zielklärung hat Orientierung für die weitere Arbeit erleichtert (N=194): 95%
- Zielklärung hat spätere Ergebniskontrolle erleichtert (N=177): 88%
- Zielfindung hat zur Klärung der unterschiedlichen Vorstellungen beigetragen (N=188): 81%
- Schwer, Rahmen- und Ergebnisziele zu unterscheiden (N=185): 57%
- Schwierigkeiten bei der Unterscheidung von Maßnahmen und Zielen (N=191): 47%
- Ungewohnt, Ziele sprachlich genau auszuformulieren (N=191): 43%
- Schwer, unterschiedliche Zielvorstellungen in der Q-Gruppe zu vereinbaren (N=190): 18%

Anteil an allen Mitgliedern der Qualitätsgruppen

© Schiersmann/ Thiel/ Pfizenmaier 2001

formulierung, die manchmal jedoch keine entsprechende Umsetzung erfährt. Die schönsten Vorhaben drohen dann leicht zu versanden. Uns interessierte daher auch, wie die Qualitätsgruppen mit der Vorgabe einer detaillierten Zeitplanung umgegangen sind. Die Ergebnisse weisen darauf hin, daß weitaus die meisten Mitglieder der Qualitätsgruppen positive Erfahrungen mit der *Methode der detaillierten Zeitplanung und deren Umsetzung* gemacht haben (s. Abb. 4.16). 87% bekamen aufgrund dieser methodischen Vorgehensweise einen *klaren Überblick über die zu bewältigenden Aufgaben* und wußten, wo sie gerade stehen. Das folgende Zitat illustriert diese Erfahrung:

„Der Grobplanungsbogen ... erwies sich als sehr praktisch. Er hängt im Büro und wird abgearbeitet... Wir empfanden es als übersichtlicher, alles auf einem Plakat zu überblicken."

Die Aussage von den meisten Befragten, daß die Zeitplanung fast immer eingehalten werden konnte, verweist darauf, daß das Instrument trotz des hohen Arbeitsaufwandes zu größerer Klarheit und Planungssicherheit beigetragen hat. Zwei Drittel der Befragten bestätigen, daß die Abschätzung des zeitlichen Aufwandes für einzelne Arbeitsphasen im voraus schwer einzuschätzen war, und knapp die Hälfte, daß sie den zeitlichen Aufwand für Arbeitspakete anfangs unterschätzt hätten. Dieses Lernergebnis entspricht unseren Erfahrungen in der Fortbildung und Beratung auch mit anderen Organisationen im Bildungs- und Sozialbereich.

82% der Qualitätsbeauftragten gaben an, daß die Qualitätsgruppe am Ende ihrer Arbeit[30] die anfangs gesteckten *Ziele* vollständig oder zumindest zum größten Teil *erreicht* haben wird – lediglich eine einzige (mit besonderen Umständen) gab an, ihr Ziel nicht erreicht zu haben.

Für 87% der Mitglieder der Qualitätsgruppe hat sich die bisherige Arbeit bereits auf die *Einrichtung ausgewirkt* (s. Abb. 4.17). Zum Zeitpunkt unserer Befragung waren die Vorhaben zur Qualitätsentwicklung bei der Mehrheit der Einrichtungen noch nicht abgeschlossen. Um so interessanter ist das Ergebnis, daß ein großer Teil der Mitglieder der Qualitätsgruppen bereits Auswirkungen ihrer Arbeit auf die Einrichtung feststellen konnte. Die höchste Zustimmung erhielt bei der Frage nach positiven Auswirkungen auf die Einrichtung das Item ‚interne Kommunikation' (über drei Viertel der Befragten), gefolgt von ‚Zusammenarbeit zwischen den Mitarbeitern'und ‚Arbeitsatmosphäre' (zwei Drittel)

---

30 Die Befragung wurde einen Monat vor dem Ende des Modellprojekts durchgeführt. Zu diesem Zeitpunkt war die Mehrzahl der Vorhaben noch nicht abgeschlossen.

Abb. 4.16: Erfahrungen mit der Zeitplanung

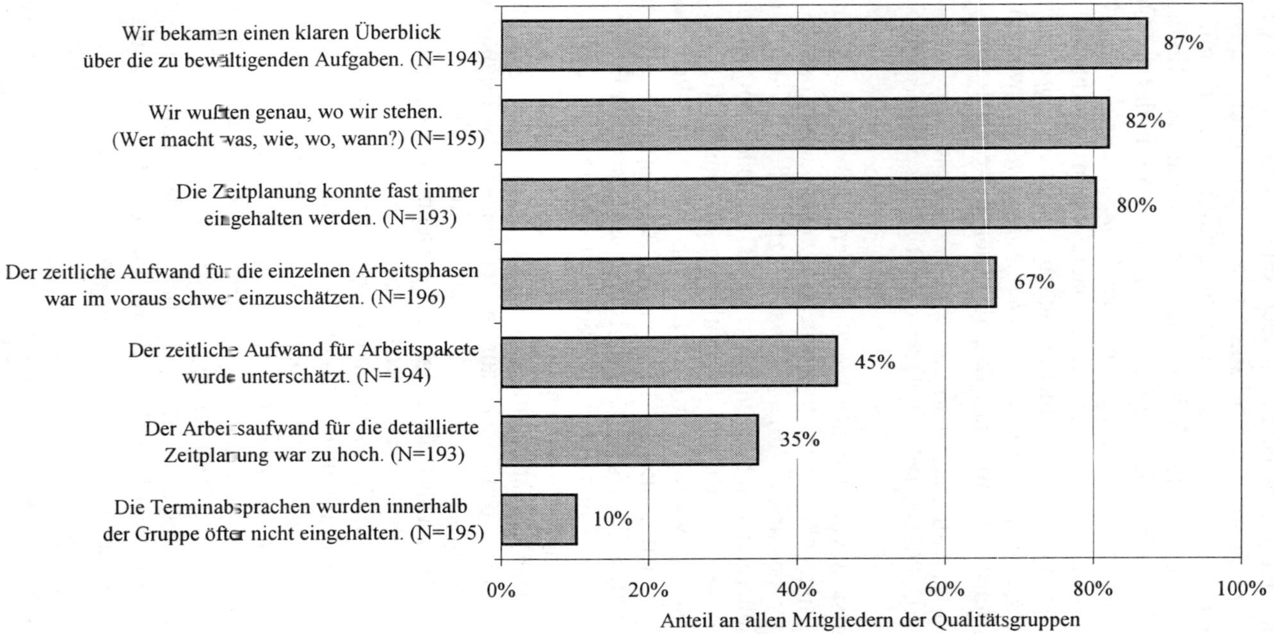

Aussage	Anteil
Wir bekamen einen klaren Überblick über die zu bewältigenden Aufgaben. (N=194)	87%
Wir wußten genau, wo wir stehen. (Wer macht was, wie, wo, wann?) (N=195)	82%
Die Zeitplanung konnte fast immer eingehalten werden. (N=193)	80%
Der zeitliche Aufwand für die einzelnen Arbeitsphasen war im voraus schwer einzuschätzen. (N=196)	67%
Der zeitliche Aufwand für Arbeitspakete wurde unterschätzt. (N=194)	45%
Der Arbeitsaufwand für die detaillierte Zeitplanung war zu hoch. (N=193)	35%
Die Terminabsprachen wurden innerhalb der Gruppe öfter nicht eingehalten. (N=195)	10%

Anteil an allen Mitgliedern der Qualitätsgruppen

© Schiersmann / Thiel / Pfizenmaier 2001

Abb. 4.17: Positive Auswirkungen der Arbeit der Qualitätsgruppe auf die Einrichtung

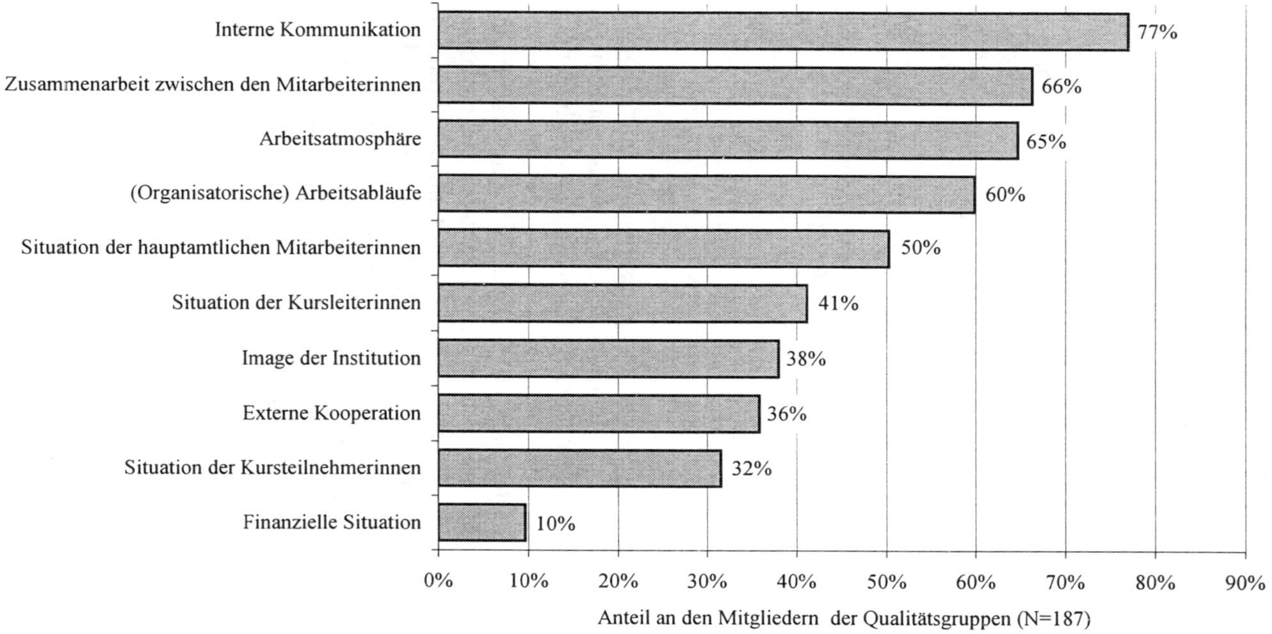

Bereich	Anteil
Interne Kommunikation	77%
Zusammenarbeit zwischen den Mitarbeiterinnen	66%
Arbeitsatmosphäre	65%
(Organisatorische) Arbeitsabläufe	60%
Situation der hauptamtlichen Mitarbeiterinnen	50%
Situation der Kursleiterinnen	41%
Image der Institution	38%
Externe Kooperation	36%
Situation der Kursteilnehmerinnen	32%
Finanzielle Situation	10%

Anteil an den Mitgliedern der Qualitätsgruppen (N=187)

© Schiersmann / Thiel / Pfizenmaier 2001

‚organisatorische Arbeitsabläufe'. Negative Auswirkungen wurden so gut wie gar nicht konstatiert. Dieses Ergebnis unterstreicht, daß die Bearbeitung eines einzelnen Vorhabens zur Qualitätsverbesserung breite Auswirkungen auf die Organisation hat. Kommunikation und Kooperation werden – relativ unabhängig von dem ausgewählten Thema – verbessert.

86% der befragten Mitglieder der Qualitätsgruppen stimmen *persönlich* dafür, daß in ihrer Einrichtung in Zukunft mit dem erprobten *Qualitätskonzept weitergearbeitet* werden sollte. Als zustimmende Gründe wurde hauptsächlich angeführt (s. Abb. 4.18), daß es eine gute Möglichkeit zur Reflektion und Verbesserung der Organisationsstrukturen bietet (82%), Lösungsstrategien für konkrete Problembereiche entwickelt werden können (72%), die Arbeit in einer Qualitätsgruppe neue Perspektiven eröffnet (56%) und die Kommunikation zwischen den verschiedenen Interessengruppen fördert (53%).[31]

Der Anteil derjenigen, die sich ablehnend zu einer Weiterarbeit mit dem Qualitätskonzept äußerten, fiel dementsprechend sehr gering aus: Die höchste Prozentzahl erhielten mit 9% bzw. 7% die Statements „nein, weil der personelle bzw. zeitliche Aufwand gegenüber dem Nutzen zu hoch war" bzw. „nein, weil die Arbeitsergebnisse im Vergleich zum Aufwand zu gering ausgefallen sind". Diese Äußerungen sind angesichts der häufig sehr prekären personellen und finanziellen Situation in den Einrichtungen der Familienbildung gut nachvollziehbar.

Insgesamt verdeutlicht aus unserer Sicht die Zustimmung zu den Statements nachhaltig, daß die Einrichtungen ein ausgeprägtes Bewußtsein von der Bedeutung der Organisationsstrukturen und ihrer Veränderbarkeit entwickelt haben. Sie haben erkannt, daß sie ihre Einrichtungen – jedenfalls zum Teil – neu profilieren müssen, ihre Ziele und Strategien überprüfen, ihre Arbeitsabläufe überdenken und die Mitarbeiterorientierung verstärken müssen, um Qualität zu verbessern und ihren zukünftigen Erfolg zu sichern.

---

31 Die prozentualen Angaben zur Effektivitäts- und Effizienzsteigerung müssen vor dem Hintergrund interpretiert werden, daß zum Zeitpunkt der Erhebung die meisten projektartigen Vorhaben zur Qualitätsverbesserung noch nicht abgeschlossen waren – also faktenbasierte Aussagen zu den beiden Kriterien nicht machen konnten.

Abb. 4.18: Zukünftige Weiterarbeit mit dem erprobten Qualitätskonzept

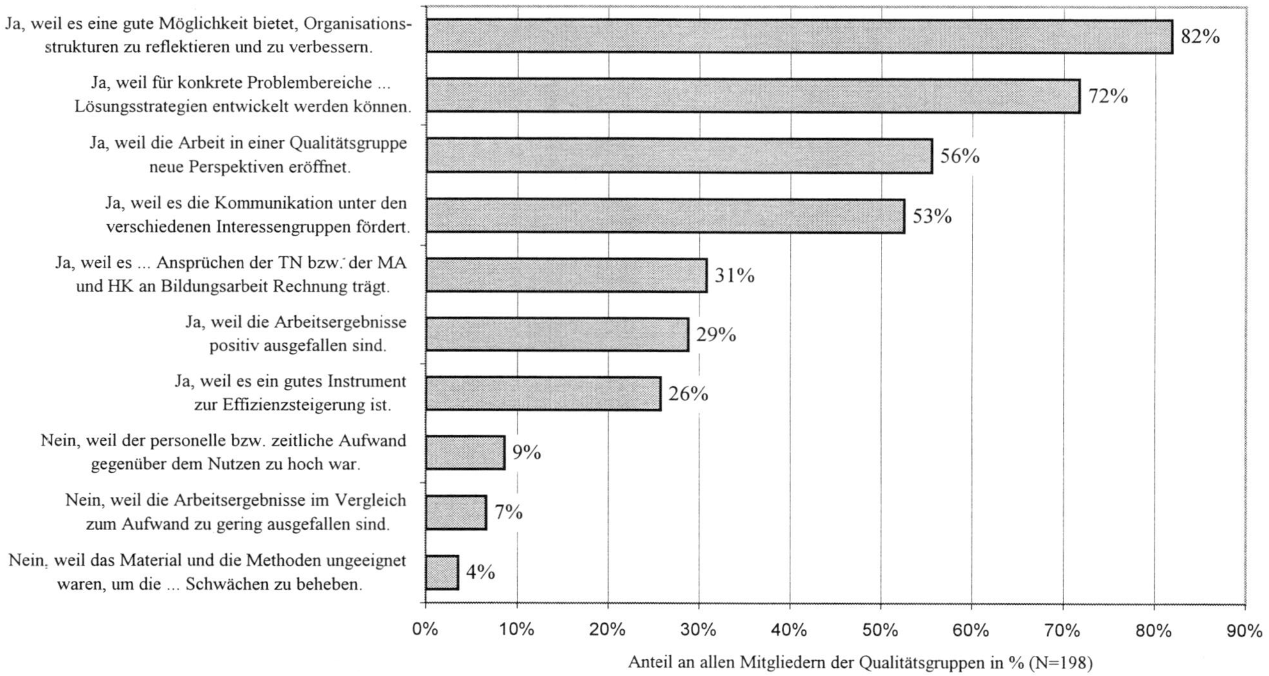

Aussage	Anteil
Ja, weil es eine gute Möglichkeit bietet, Organisationsstrukturen zu reflektieren und zu verbessern.	82%
Ja, weil für konkrete Problembereiche … Lösungsstrategien entwickelt werden können.	72%
Ja, weil die Arbeit in einer Qualitätsgruppe neue Perspektiven eröffnet.	56%
Ja, weil es die Kommunikation unter den verschiedenen Interessengruppen fördert.	53%
Ja, weil es … Ansprüchen der TN bzw. der MA und HK an Bildungsarbeit Rechnung trägt.	31%
Ja, weil die Arbeitsergebnisse positiv ausgefallen sind.	29%
Ja, weil es ein gutes Instrument zur Effizienzsteigerung ist.	26%
Nein, weil der personelle bzw. zeitliche Aufwand gegenüber dem Nutzen zu hoch war.	9%
Nein, weil die Arbeitsergebnisse im Vergleich zum Aufwand zu gering ausgefallen sind.	7%
Nein, weil das Material und die Methoden ungeeignet waren, um die … Schwächen zu beheben.	4%

Anteil an allen Mitgliedern der Qualitätsgruppen in % (N=198)

© Schiersmann/ Thiel/ Pfizenmaier 2001

5 Qualitätsentwicklung durch Qualitätsgruppen und Qualitätsbeauftragte

5.1 Die Arbeitsweise der Qualitätsgruppen

5.1.1 Zusammensetzung und Funktion der Qualitätsgruppen

Begründungen für die Initiierung einer Qualitätsgruppe

Unser Konzept weist Qualitätsgruppen eine zentrale Rolle für die Qualitätsentwicklung zu. In diesen eigens für die Qualitätsarbeit initiierten Gruppen sollten möglichst alle für die Arbeit der Familienbildung relevanten Personengruppen repräsentiert sein. Hierzu zählen insbesondere die folgenden:

– Leitung
– disponierend tätige Mitarbeiterinnen
– Kursleiterinnen
– Verwaltungskräfte
– Teilnehmende
– wahlweise: Träger

Damit umfaßt eine Qualitätsgruppe maximal 5 bis 6 Personen, was im Interesse einer produktiven Arbeit auch eine Obergrenze darstellt. Da es sich bei den Einrichtungen der Familienbildung zum Teil um sehr kleine Einrichtungen handelt, ist aber auch nicht ausgeschlossen, daß eine Qualitätsgruppe lediglich zwei oder drei Mitglieder umfaßt.

Besonders zu erwähnen ist der Einbezug der Leiterinnen der Einrichtung. Für Projektgruppen ist dieser nicht unbedingt typisch. Angesichts der spezifischen Personalstruktur von Bildungseinrichtungen im allgemeinen und Einrichtungen der Familienbildung im besonderen mit wenigen Hauptamtlichen und sehr vielen Honorarkräften scheint uns der Einbezug der Leiterinnen unverzichtbar, zumal die Verantwortung für das Qualitätsmanagement als Leitungsaufgabe anzusehen ist.

Die Aufgabe der Qualitätsgruppen besteht darin, die Stärken-Schwächen-Analyse auf der Basis von EFQM zu erstellen und auszuwerten (s. Kap. 3) sowie das Vorhaben zur Qualitätsentwicklung vorzubereiten und durchzuführen (s. Kap. 4).

Mit dieser Konstellation, bei der Qualitätsentwicklung und -sicherung einer Gruppe einen großen Teil der Verantwortung zu übertragen – und nicht eine einzelne Person damit zu beauftragen – werden verschiedene Ziele angestrebt:

- Auf diese Weise gelingt es, die *unterschiedlichen Sichtweisen, Erfahrungen und Ressourcen* der verschiedenen an der Gestaltung der Familienbildung beteiligten Gruppen in den Prozeß der Qualitätsentwicklung einzubeziehen. Wir gehen davon aus, daß der Austausch der unterschiedlichen Perspektiven neue Blicke auf die Arbeit der Einrichtung eröffnet und neue Einsichten ermöglicht. Diese Selbstthematisierung der Einrichtung stellt eine wesentliche Voraussetzung für deren Weiterentwicklung dar.
- Insbesondere die Einbindung von Teilnehmenden und Kursleiterinnen gewährleistet, daß – in der Sprache des Qualitätsmanagements – die Sicht der ‚Kunden' sowie derjenigen, die in direktem ‚Kundenkontakt' stehen, intensiv einbezogen wird.
- Das Spektrum der bei den verschiedenen Mitgliedern einer solchen Qualitätsgruppe vorhandenen *Kenntnisse und Fähigkeiten* erhöht die Wahrscheinlichkeit, daß verschiedene Ideen und Problemlösestrategien zusammengetragen werden und ermöglicht eine hohe Kreativität und Leistungsfähigkeit. Durch die Interaktionsprozesse in den Gruppen und die Aggregation unterschiedlicher Kenntnisse, Fähigkeiten und Erfahrungen wird neues Wissen generiert und damit die organisationale Wissensbasis erweitert (vgl. Probst/Büchel 1994, 64). Insofern stellt diese Arbeit eine Form des Wissensmanagements dar.
- Die Tatsache, daß die Ziele und Lösungswege zwischen den verschiedenen Interessengruppen *ausgehandelt* werden müssen, ermöglicht neue Lernerfahrungen und erzeugt Synergieeffekte.
- Die Arbeit in einer solchen heterogen zusammengesetzten Gruppe fördert zudem weitgehend *selbstorganisierte Lern- und Arbeitsprozesse,* die die Weiterentwicklung der Einrichtungen nachhaltig fördern können.

Ein ca. dreiwöchiger Turnus für die Treffen der Qualitätsgruppe, die ca. 3 Stunden umfassen sollten, hat sich in der Praxis bewährt. Für die Dauer der Organisationsdiagnose in Form der Stärken-Schwächen-Analyse und die Durchführung eines Vorhabens zur Qualitätsverbesserung sollte hinsichtlich der Zusammensetzung der Qualitätsgruppe möglichst Kontinuität gewahrt werden. Personen, die von einem Vorhaben zur

Qualitätsverbesserung unmittelbar betroffen sind, *müssen* allerdings in die Qualitätsgruppe bzw. einzelne Sitzungen einbezogen werden.

Auswahlmodus der Mitglieder der Qualitätsgruppe

Im Hinblick auf den Modus der Auswahl der Mitglieder der Qualitätsgruppe sind im wesentlichen folgende Alternativen möglich, bei denen u.a. abzuwägen ist zwischen dem Wunsch nach aktiver Beteiligung der einzubeziehenden Gruppen auf der einen und den für eine erfolgreiche Arbeit erforderlichen Kenntnissen und Fähigkeiten auf der anderen Seite:

Eine Variante besteht darin, daß die potentiellen Mitglieder ein entsprechendes Interesse bei der Leitung anmelden, d.h. die Teilnahme beruht auf der Freiwilligkeit Interessierter. Bei diesem Vorgehen gibt die Leitung einen großen Teil ihrer Definitionsmacht aus der Hand. Dieses Vorgehen setzt stark auf das Engagement der potentiellen Mitglieder der Qualitätsgruppe. Es erfordert zudem ein starkes Selbstbewußtsein bei den potentiellen Mitgliedern der Qualitätsgruppe, das es diesen ermöglicht, ihr Interesse offensiv anzumelden. Für dieses Vorgehen spricht, daß der Aspekt der Freiwilligkeit in der Regel auch das Engagement für die Arbeit und damit die Wahrscheinlichkeit der Zielerreichung erhöht. Allerdings sollte sich die Leitung die Prüfung vorbehalten, ob im Falle freiwilliger Meldungen hinreichend Sachverstand im Projektteam vertreten ist, um die Aufgabenstellung erfolgreich zu bearbeiten. Die Zustimmung zur Zusammensetzung der Qualitätsgruppe sollte die Leitung u.E. nicht aus der Hand geben.

An Grenzen stoßen dürfte dieses Vorgehen bei den Kursleiterinnen und den Teilnehmerinnen, da ihre Identifikation mit der Einrichtung häufig nicht so stark ausgeprägt ist.

Eine andere Möglichkeit besteht darin, daß die Leitung die Auswahl aufgrund eigener Kriterien und Einschätzungen vornimmt. Diese Strategie erleichtert es der Leitung, gezielt Personen mit unterschiedlichen Erfahrungen und Kompetenzen einzubeziehen. Sie behält bei dieser Form die Steuerung des Prozesses stärker in der Hand. Wichtig ist bei diesem Modus, daß die Kriterien der Wahl den übrigen Mitarbeiterinnen gegenüber sehr transparent gemacht und für sie nachvollziehbar dargestellt werden.

Schließlich ist es möglich, eine Kombination der beiden Vorgehensweisen zu wählen, d.h. sowohl eine freiwillige Meldung zu ermöglichen als auch seitens der Leitung den Auswahlprozeß zu steuern.

Generell ist zu unterstreichen, daß der Prozeß der Auswahl der Mitglieder der Qualitätsgruppen gegenüber den anderen Mitarbeiterinnen so transparent wie möglich sein sollte, um Vorbehalte und Widerstände gegen den Prozeß der Qualitätsentwicklung auszuschließen bzw. zu minimieren.

Arbeitsweise der Qualitätsgruppe

Wird die Bearbeitung einer organisationsumfassenden Stärken-Schwächen-Analyse sowie die Durchführung eines Vorhabens zur Qualitätsentwicklung im Rahmen einer Gruppe durchgeführt, kann sich der Bearbeitungsprozeß nicht auf die *Sachebene*, auf die sich die Phasen und Methoden des Projektmanagements beziehen (s. Kap. 4), beschränken. Vielmehr ist für die Arbeit auch die Art und Weise des Vorgehens und der Prozeßgestaltung sowie die *psycho-soziale Ebene* ausschlaggebend. Diese umfaßt insbesondere die Entwicklung der Kommunikation bzw. Interaktionen, insbesondere auch die produktive Bearbeitung von Konflikten – sowohl innerhalb des Qualitätsgruppe als auch zwischen dem Projektteam und der Gesamteinrichtung. Motivation, Einstellungs- und Verhaltensweisen von Einzelpersonen, Gruppen und der Gesamteinrichtung müssen in jeder Bearbeitungsphase situativ berücksichtigt werden, weil sie den sachlichen Problemlöseprozeß erheblich beeinflussen.

Um die Kommunikationsprozesse bei der Projektbearbeitung produktiv gestalten zu können, sind nach unseren Erfahrungen die Verabredung von ‚Spielregeln', Grundkenntnisse in der Moderationsmethode sowie die Fähigkeit zur produktiven Konfliktlösung bzw. zum Umgang mit Widerstand gegen Veränderungen durch das Projekt zur Qualitätsverbesserung wichtig.

Um sich die Arbeit zu erleichtern, sollte sich die Qualitätsgruppe *Spielregeln* hinsichtlich ihrer Sitzungsorganisation, ihrer Informationspolitik und ihrer Kommunikationsformen geben. In der Abb. 5.1: *Spielregeln für die Arbeit in der Qualitätsgruppe* sind beispielhaft einige Übereinkünfte zusammengestellt, die jedoch institutions- und gruppenspezifisch modifiziert und ergänzt werden können. Als eher pragmatische Unterstützung der Arbeit ist auch die organisationstechnische Hilfe zur kurzen, einheitlichen Abfassung des Protokolls zu verstehen (s. Abb. 5.2: *Protokoll der Projektgruppe*).

Abb. 5.1: Spielregeln für die Arbeit in der Qualitätsgruppe

Die Qualitätsgruppe sollte sich verbindliche Regeln zu den folgenden Punkten geben:

Sitzungsorganisation
- Zeitlicher Rhythmus, Umfang und Ort der Sitzungen (Wochentag, Tageszeit, Räumlichkeit)
- Einladungsmodus: schriftlich oder mündlich, mit welchem zeitlichen Vorlauf?
- Verbindlichkeit von Terminabsprachen
- Zulässige Fehlzeiten (z.b. maximal dreimal hintereinander)
- Moderation (Qualitätsbeauftragte oder reihum?) als formale oder auch als inhaltliche Sitzungsgestaltung?
- Inhaltliche Vorbereitung der Sitzungen
- Protokoll: Wer schreibt das Protokoll? (Nicht die Qualitätsbeauftragte!); Verteilung des Protokolls (so schnell wie möglich oder mit der Einladung zur nächsten Sitzung?)
- Punktuelle Einbeziehung weiterer Mitarbeiter/-innen aus der Einrichtung als Experten (Betroffene *müssen* einbezogen werden!)
- Entscheidungsmodus: Mehrheits- oder Konsensentscheidungen? Berücksichtigung der Betroffenheit von der jeweiligen Entscheidung? Berücksichtigung der fachlichen Kompetenz?

Informationsfluß
- Wer sammelt Infos, Materialien, Unterlagen etc. zum Vorhaben zur Qualitätsverbesserung? Wo und wie werden diese dokumentiert?
- Welche Informationen aus der Qualitätsgruppe werden an wen weitergegeben, welche nicht? (Vertrauensschutz vs. Informationspflicht) Muß die Weitergabe von Informationen aus der Qualitätsgruppe mit jemandem formal abgestimmt werden?
- Wie und zu welchen Zeitpunkten werden die nicht an der Qualitätsgruppe beteiligten Mitarbeiter/-innen über die Arbeit der Qualitätsgruppe und den Fortgang des Vorhabens zur Qualitätsverbesserung informiert?
- Systematik eines Qualitätshandbuch
Wer ist für die Erstellung zuständig?

Kommunikatives
- Redezeitbegrenzungen (z.B. 30 Sek.-Regel, evtl. auch gelbe/ rote Karte bei Vielrednern)
- Feedbackrunde („Blitzlicht') am Ende der Sitzung (z.B. zur Zufriedenheit mit der geleisteten Arbeit oder zum Klima in der Gruppe) oder auch am Anfang, um die Arbeitsfähigkeit der Gruppe festzustellen

© Schiersmann / Thiel/ Pfizenmaier 2001

| Abb. 5.2: Protokoll |

Sitzung am: Zeit (von – bis)
Ort:

Teilnehmer/-innen:
....
....

Protokollant/-in:
....

Tagesordnungspunkte

Ergebnisse / Entscheidungen

Handlungsbedarf

Was	wer (evtl. mit wem)	bis wann

Nächstes Treffen (wann, wo).
....
....

© Schiersmann/ Thiel 2001

Die Dynamik der Gruppenentwicklung kann von Mitgliedern der Qualitätsgruppe besser eingeschätzt und bewertet werden, wenn sie darüber hinaus eine Vorstellung davon haben, was typische Stadien mit jeweils charakteristischen Kommunikations- und Konfliktmustern von sich selbst steuernden Gruppen bzw. Teams sind. Wir regen dabei eine Orientierung an Haugs (1998, 66) „Entwicklungsphasen im Leben eines Teams" (s. Abb. 5.3) an. Im folgenden werden die vier zentralen Phasen kurz charakterisiert.

In einer ersten *Orientierungs-* bzw. *Testphase* (vgl. Langmaack/ Braune-Krickau 1995) – im Sinne des Ausprobierens als ‚*forming'* bezeichnet (Tuckmann 1965) – ist für die beteiligten Individuen ein Schwanken zwischen Nähe-Suchen und Distanz-Bewahren typisch. Die Gruppenatmosphäre zeichnet sich aufgrund des noch mangelnden Zusammenhalts durch ein tendenziell unpersönliches und vorsichtiges Klima aus.

„Die Gruppenmitglieder kennen sich noch nicht ausreichend, sie testen einander und bemühen sich, klare gegenseitige Beziehungen mit anderen Gruppenmitgliedern und dem/n Gruppenleiter/n zu etablieren. Diese erste Phase der Gruppenentwicklung ist insofern kritisch, als die meisten vorzeitigen Aussteiger (sogenannte ‚dropouts') zu finden sind." (Tschuschke 1997, 184)

Es folgt die *Konfliktphase* – auch als ‚Nahkampfphase' und Stadium der ‚Gärung und Klärung' (vgl. Langmaack/Braune-Krickau 1995), des ‚*storming'* (Sturm und Drang) und des ‚*conflict'* (Tuckmann 1965) bezeichnet. Die Individuen formulieren jeweils eigene Interessen und äußern dezidiert ihre Erwartungen. Dem Aushandeln des individuellen Status in der Gruppe kommt eine hohe Bedeutung zu. Das Gruppenklima ist durch eine emotional-kritische Auseinandersetzung und tendenziell aggressive Konfrontation unterschiedlicher Standpunkte, ‚unterschwellige' Konflikte und Cliquenbildung geprägt. Dies ist vor dem Hintergrund zu verstehen, daß gemeinsame Ziele und Normen insbesondere im Hinblick auf die Arbeitsaufgabe erst erarbeitet werden müssen. Zugleich besteht sowohl die Furcht vor Freiheitseinengung als auch die Angst vor ‚Nicht-Dazugehörigkeit'.

Dabei besteht die Gefahr, daß das individuelle Konkurrenzdenken in der Gruppensituation nicht überwunden wird und diejenigen, die Ideen einbringen, empfindlich reagieren, wenn sie sich mit ihren Vorschlägen nicht durchsetzen können. Macht und Einfluß innerhalb einer Gruppe spielen eine nicht zu unterschätzende Rolle. Eine deutlich ungleiche Verteilung der Macht in Gruppen kann zu einer Verminderung der Kooperation führen (zu den Machtformen vgl. Thiel 1998, 80f.).

Abb. 5.3: Phasen der Teamentwicklung

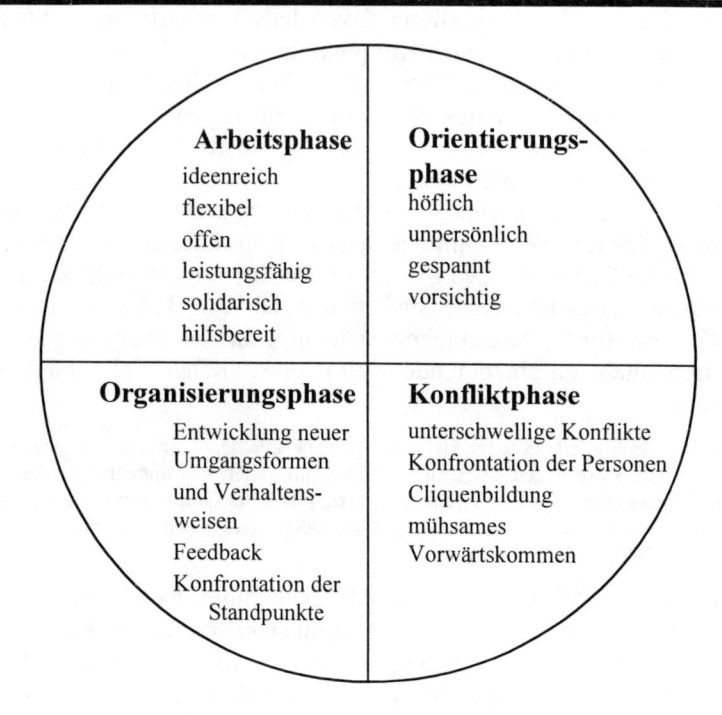

- **Arbeitsphase**
  - ideenreich
  - flexibel
  - offen
  - leistungsfähig
  - solidarisch
  - hilfsbereit

- **Orientierungsphase**
  - höflich
  - unpersönlich
  - gespannt
  - vorsichtig

- **Organisierungsphase**
  - Entwicklung neuer Umgangsformen und Verhaltensweisen
  - Feedback
  - Konfrontation der Standpunkte

- **Konfliktphase**
  - unterschwellige Konflikte
  - Konfrontation der Personen
  - Cliquenbildung
  - mühsames Vorwärtskommen

In Anlehnung an: Haug, C. V. (1998): Erfolgreich im Team. 2. überarb. u. erw. Aufl., München (dtv), S. 66

Rißmann (1997, 99) hält diese Phase des Storming für die entscheidende bei der Entwicklung von Teams. Wenn es hier zu keiner konstruktiven Auflösung der Konflikte und Gegensätze kommt, ist das Team gescheitert.

In der anschließenden ‚Organisierungsphase' – auch ‚Produktivitätsphase' (Langmaack/Braune-Krickau 1995, 72ff.) genannt – steht die ‚Aufgabenorientierung' im Sinne des ‚norming' (Tuckmann 1965) als Einigung auf ein gemeinsames Ziel im Vordergrund. Hier überwiegt bei den einzelnen das hohe persönliche Engagement, die Gruppe ist insgesamt durch ein starkes ‚Wir-Gefühl', intensive und zielorientierte Kommunikation, ideenreiche Aufgabenbewältigung und hohe Solidarität gekennzeichnet. In dieser Phase ist die Gruppenkohäsion mit gleichzeitiger Orientierung an der Gruppenaufgabe am ausgeprägtesten (vgl. Keßler/Winkelhofer 1997, 56; Haug 1997, 72f.). Dieser positive Zusammenhalt ermöglicht wiederum auch die Akzeptanz von Individualitäten. Es ist zu beachten, daß die hohe Gruppenkohäsion auch negativ in einen erhöhten Gruppendruck umschlagen kann, der zur Konformität beiträgt und damit die offene Diskussion unterschiedlicher Strategien und Wege erschwert. Dies führt dann häufig zu vorschnellen und nicht hinreichend durchgearbeiteten Kompromißbildungen. Es kann auch eine Situation eintreten, in der die Gruppe sich vor internen Konflikten rettet, indem sie sich zu stark nach außen abschottet und einen gemeinsamen Außenfeind definiert. Rollen und Verhaltensmuster von Mitgliedern der Qualitätsgruppe können sich aufgrund einer beginnenden Routine immer stärker verfestigen und damit die Fähigkeit des Teams, flexibel auf Neuerungen oder Krisen zu reagieren, schwinden.

Die ,Arbeitsphase' – auch ,Integrationsphase' (Mayrshofer/Kröger 1999, 68), ,Abschlußphase' (Langmaack/Braune-Krickau 1995) oder ,performing' (Tuckmann 1965) – wird häufig charakterisiert als

„eigentliche Teamphase, denn interpersonelle Probleme sind gelöst, die Teamstruktur ist funktional zur Aufgabenerfüllung, das Rollenverhalten ist flexibel und adäquat. Aufgaben und Probleme werden konstruktiv gelöst. Die Merkmale, die ein Team kennzeichnen, kommen zur vollen Entfaltung. Das Team arbeitet einheitlich und orientiert sich am gemeinsamen Ziel." (Rißmann 1997, 98f.)

Als Kennzeichen einer leistungsfähigen Gruppe, die die Arbeitsphase erreicht hat, nennen Keßler/Winkelhofer (1997, 56) hochmotivierte Einzelpersonen mit *Bekenntnis zur Gruppe*, die – aufeinander *vertrauend* – *zielgerichtet* arbeiten, ihr Handeln wirkungsvoll *kommunizieren*, gemeinsam entscheiden und *kooperativ* planen sowie Entscheidungsfindung und Qualitätsbewußtsein systematisch-methodisch und leistungsorientiert verfolgen.

„Diese Stufe ist strukturell und vom Erleben der Gruppenmitglieder her gesehen durch eine funktionelle Rollenbezogenheit gekennzeichnet. Man kann förmlich sehen, wie die Gruppe Lösungen entwickelt und bei ihren Mitgliedern Einsichten fördert." (Tschuschke 1997, 187f.)

Zwei Jahrzehnte später hat Tuckmann seinem Modell eine fünfte Phase – das ,adjorning' als Auflösungserscheinung der Gruppe – hinzugefügt (vgl. Auer-Rizzi 1998, 100).

Die Identifikation idealtypischer Phasen darf nicht darüber hinwegtäuschen, daß im Verlaufe der Teamentwicklung Produktivitäts-, Konflikt- und Arbeitsphasen abwechseln können. Auf die Gruppen- bzw. Teamentwicklung wirken u.a. noch weitere dynamische Kräfte und Fak-

Abb. 5.4: Phasenspezifische Unterstützungen des Projektteams

Verhalten der Gruppe	Unterstützung des Teams
Orientierung	

• freundlicher, höflicher Umgangston
• eher unpersönlich (z.B. small talk), - abwartend
• Suche nach Sicherheit und Orientierung
• Statusbewußtsein (gesehen werden wollen)
• Euphorie, Anfangsbegeisterung
• Skepsis
	• Phase wichtig und ernst nehmen:
	  – Kennenlernen ermöglichen
	  – Zeit nehmen zur Teambildung
	• Druck herausnehmen, sofort Ergebnisse erzielen zu müssen
	• Wünsche und Befürchtungen (Skepsis) besprechbar machen
	• Rahmenbedingungen u. Ziel klarmachen – Bedeutung erklären
	• Rollen klären
	• Orientierung und Struktur bieten

Konflikt	

• verdeckte Konflikte
• Koalitionen, Cliquenbildung
• Zweifel an Sinn und Ziel, Gefühl der Ausweglosigkeit
• endlose, mühsame Diskussionen
• innerlicher Rückzug einzelner
• unklare Macht- und Entscheidungsstrukturen
• Schuldzuweisung, Personalisierung von Konflikten
• Methodendiskussionen
	• Konflikte transparent werden lassen
	  – aktiv zuhören
	  – nachfragen
	• selbst Ruhe bewahren
	• Fortschrittsdruck herausnehmen
	  – keine Lösungen
	• unterschiedliche Sichtweisen und Glaubenssysteme transparent machen
	• eigenes Konfliktverhalten reflektieren
	• Hilfen und Tips zur Konfliktbearbeitung

Verhalten der Gruppe	Unterstützung des Teams
Organisation	
• Vereinbarungen und Absprachen werden getroffen • Regeln für das Team werden entwickelt • Neue Verhaltensmuster werden eingeübt und ausprobiert • Team reflektiert eigene Situation • Wir-Gefühl entwickelt sich	• Aufgabe neu verabreden • Regeln vereinbaren • sich eher zurückhalten • Verantwortung an die Gruppe abgeben • Lernen ermöglichen und zulassen • Teamgefühl pflegen • Aufgabe und Gruppe immer wieder zusammenführen („Controlling")
Integration	
• Team wird als effizient und wohltuend erlebt • entwickelt Autonomie gegenüber „Außenwelt" • arbeitet selbstorganisiert • geht mit neuen Anforderungen kreativ und flexibel um • vermeidet manchmal das Projektende • vertrauensvolle Zusammenarbeit	• Monitoring • Antenne nach innen und außen, Kommunikator • Optimierung • auf das Ende zuarbeiten – zielorientiert • Projekt gezielt beenden • Gesamtpräsentation nach innen und außen • Projektabschluß gestalten • Würdigung des Erreichten • gezielte Abschlußreflexion „lernen!"

Quelle: Mayrshofer, D./ Kröger, H.A. (1999): Prozeßkompetenz in der Projektarbeit. Hamburg (Windmühle), 70

toren ein – wie z.B. (berufs-)biographische Entwicklungsstadien des Individuums, Phasen und Wachstumskrisen der Organisation sowie der Gesellschaft, deren komplexes Zusammenspiel einen Eindruck von der Dynamik und Unübersichtlichkeit des Teamgeschehens vermittelt (vgl. Thiel 1996, 119f.).

Wenn die Qualitätsgruppe einige Zeit zusammengearbeitet hat, ist ein Rückblick und eine *Standortbestimmung* anhand der Abb. 5.3 hilfreich. Bei Konflikten innerhalb des Projektteams ist es sinnvoll, auf dieses Phasenmodell zurückzugreifen, um beispielsweise zu prüfen, ob der Konflikt etwas mit der entsprechenden Entwicklungsphase zu tun hat. Die prozeßbezogene Selbstreflexion vermittelt einerseits die Einsicht, daß im Team nicht ‚alles auf einmal' erreicht werden kann und andererseits bestimmte Stadien schon ‚gemeistert' wurden. Vor allem wird dadurch die Bedeutsamkeit und das komplexe, kaum voraussehbare Zusammenspiel von Aufgaben- und Sozialorientierung, von individuellen Bedürfnissen und Herausbildung von Gruppennormen betont.

Mayrshofer/Kröger (1999, 70) haben *phasenspezifische Unterstützungsmöglichkeiten* für den Teamentwicklungsprozeß zusammengestellt (s. Abb. 5.4). Diese Anregungen können gegebenenfalls genutzt werden, um schwierige Situationen in der Gruppe produktiv zu bearbeiten. Die Übersicht verdeutlicht auch, daß es pauschale Ratschläge für *die* Teamarbeit und -entwicklung in allen ihren spezifischen Phasen nicht geben kann.

Das Erreichen der Phasen 3 und 4, bei denen es insbesondere um die Balance zwischen aufgaben- und sozialbezogenen Dimensionen, zwischen Kooperation und produktiver Konfliktbewältigung geht, kann einen zeitlich längeren Weg bedeuten.

„Wenn der Entwicklungsprozeß keine besondere Aufmerksamkeit erhält, dauert es normalerweise bis zu einem halben Jahr, um in die Phase der Organisation eintreten zu können. Das Tempo der Entwicklung hängt jedoch von der Bereitschaft und Erfahrung des Teams ab, sich auf diesen Prozeß einzulassen, und von der Kompetenz von Projektleitung und Gruppe, ihn aktiv zu gestalten. In der Projektarbeit ist für den Prozeß selten ausreichend Zeit. Viele Projekte müssen innerhalb weniger Wochen oder Monate abgeschlossen sein. Deswegen muß der Teamentwicklungsprozeß bereits in der Startphase aktiv gefördert und kanalisiert werden." Mayrshofer/Kröger (1999, 69)

Die Abb. 5.5 erhält Anregungen zur Bilanzierung der Arbeit in der Projektgruppe, die von Zeit zu Zeit angebracht ist, um die aktuelle Situation in der Qualitätsgruppe zu reflektieren.

Abb. 5.5: Bilanz der Qualitätsgruppe

Ebenso wie der Start stellt auch der *Abschluss* Ihres Vorhabens zur Qualitätsverbesserung eine wichtige Phase dar: Es kommt darauf an, positive sowie negative Erfahrungen aus der Arbeit an diesem Vorhaben zu bilanzieren und für zukünftige Qualitätsvorhaben fruchtbar zu machen. Daher empfiehlt es sich, eine Abschlußsitzung durchzuführen und deren Ergebnisse zu dokumentieren.

Die im folgenden beispielhaft formulierten Fragen sind als Reflexionsimpulse für eine individuelle und kollektive Bilanz gedacht. Sie sollten zuerst in Einzelarbeit bearbeitet und anschließend in der Qualitätsgruppe ausgetauscht werden:

(1) Inwieweit haben wir unsere gesteckten *Ziele* (im Hinblick auf Inhalte, Termine, Kosten, Qualität) erreicht? Was waren dafür förderliche, was hinderliche Einflußgrößen?

(2) Wie habe ich die *Arbeitsweise* der Qualitätsgruppe in *sachlich-fachlicher und methodischer* Hinsicht über den gesamten Prozeß oder in bestimmten Phasen erlebt? Was ist gut gelaufen, was weniger gut? Wie zufrieden bin ich mit meinem Beitrag zur Problemlösung/ zum Produkt?

(3) Wie zufrieden bin ich mit der Art der *Kommunikation* und dem *Lern- bzw. Arbeitsklima* in der Qualitätsgruppe?

(4) Was hat mir an der *Rollenausfüllung* der Qualitätsbeauftragten gut gefallen, was würde ich mir zukünftig anders wünschen?

(5) Wie zufrieden bin ich mit der *Zusammenarbeit* der Qualitätsgruppe mit anderen (Fach-) Bereichen und Mitarbeiter/-innen (inkl. Kursleiter/-innen auf Honorarbasis) der *Einrichtung*?

(6) Habe ich durch die Arbeit am Qualitätsvorhaben neue *Einsichten über die Einrichtung* gewonnen (positive wie negative)? Wenn ja, welche? Worin sehe ich den *Ertrag der Qualitätsarbeit* für die Einrichtung?

(7) Welche *Konsequenzen* sollten aus den gewonnenen Erfahrungen für künftige Vorhaben zur Qualitätsverbesserung bzw. für den weiteren Prozess der Qualitätsentwicklung in der Einrichtung gezogen werden?

(8) Was hat die Mitarbeit in der Qualitätsgruppe mir persönlich gebracht? Welche Erfahrungen habe ich in diesem Projekt im Laufe der Projektarbeit gemacht - in fachlicher, methodischer und psychosozialer Hinsicht?

© Schiersmann/ Thiel/ Pfizenmaier 2001

Projekte verändern eine Einrichtung der Familienbildung. Daher ist das Auftreten von *Konflikten und Widerständen* bei der Realisierung von Vorhaben zur Qualitätsverbesserung naheliegend. Die Dimension der Konfliktbewältigung wird in der Diskussion um das Qualitätsmanagement häufig vernachlässigt. Wir gehen davon aus, daß – entgegen der landläufigen Meinung – Konflikte nicht als negativ anzusehen sind, sondern produktive Potentiale für die weitere Arbeit beinhalten. Die produktive Lösung von Konflikten trägt zur Entwicklung einer Reflexions- und Streitkultur in der Einrichtung bei. Sie fördert die Selbstreflexion und Selbstaufklärung der Einrichtungen als soziale Systeme und trägt sowohl bei den Mitgliedern der Qualitätsgruppe als auch in der übrigen Mitarbeiterschaft u.a. dazu bei, das Verständnis für die Gesamtabläufe in der Organisation zu wecken und die Verantwortlichkeit für die innovative Gestaltung der institutionellen Zukunft zu stärken.

Auch bei der Lösung von Konflikten und dem Umgang mit Widerstand kann das phasenorientierte Problemlösekonzept (s. Abb. 4.2) hilfreich sein. Es liegt somit nicht nur der sachbezogenen Bearbeitung der inhaltlichen Projektaufgabe (Sach- und Methodenkompetenz), sondern auch der Gestaltung der sozialen Beziehungen (z.B. Sozialkompetenzen für die Teamentwicklung) zugrunde. Die Problemlösemethodik als Referenzrahmen bildet die Klammer zwischen dem aufgaben-, methoden- und dem sozialbezogenen Projektprozeß.

5.1.2 Erfahrungen der Qualitätsgruppen

Auf der Grundlage unserer Empfehlungen wurden die beim Auftaktworkshop im Dezember 1998 anwesenden Leiterinnen[32] gebeten, eine Qualitätsgruppe zu initiieren. Bereits im Februar 1999 (beim ersten länderspezifischen Workshop) hatten die meisten der Einrichtungen, die sich für eine Teilnahme am Projekt entschieden hatten, eine arbeitsfähige Qualitätsgruppe zusammengestellt.

Von den 47 am Projekt beteiligten Einrichtungen liegen uns von 43 Angaben zu Größe und Zusammensetzung der Qualitätsgruppe vor.[33] Danach lag die Mitgliederzahl der Qualitätsgruppen bei der Mehrheit der Einrichtungen bei 4-6 Personen.[34] Die faktische Zusam-

---

32 Näheres zu den Workshops siehe in Kap. 6.1.
33 Stand: Oktober 1999
34 In einer sehr kleinen Einrichtung bestand die Qualitätsgruppe aus 2 Personen, in einer Einrichtung umfaßte sie 10 Personen, wobei allerdings 5 Mitglieder des Trägervereins einbezogen wurden.

mensetzung der Qualitätsgruppen läßt erkennen, daß es den meisten Einrichtungen gelungen ist, die gewünschte Perspektiven- und Kompetenzenvielfalt zu verwirklichen. Vertreten waren:

- die *Leitungskraft* in fast allen Gruppen (95%),
- in 86% der Einrichtungen *Mitglieder des hauptamtlichen pädagogischen Teams,*
- in den meisten Einrichtungen (84%) *Verwaltungskräfte* und
- in knapp der Hälfte der Einrichtungen (49%) auch *Teilnehmende* sowie
- *Kursleiterinnen* auf Honorarbasis (44%).

Im Hinblick auf den Transfer von Informationen und die Durchsetzungsfähigkeit von Verbesserungsvorschlägen der Qualitätsgruppe dürfte sich die sehr hohe Einbindung der *Leiterinnen* in die Qualitätsgruppen als durchaus günstig erwiesen haben. Allerdings ist nicht auszuschließen, daß die Präsenz der Leitung in manchen Fällen die Etablierung der erwünschten hierarchiearmen Kommunikations- und Arbeitsform eingeschränkt hat. Auf diesen Punkt kommen wir bei der Diskussion der Rolle der Qualitätsbeauftragten noch zurück.

Auch für die Einbeziehung der Trägervertreter dürfte gelten, daß diese stark von der spezifischen Kommunikation mit dem Träger und dem rechtlichen Status abhängig war.

Aufgrund der Rückmeldungen bei den bundeslandspezifischen Workshops, den Fortbildungen für die Qualitätsbeauftragten, aus der schriftlichen Befragung aller Mitglieder der Qualitätsgruppen sowie einzelner ausführlicher Interviews mit deren Mitgliedern konnten wir die konkreten Erfahrungen mit der Qualitätsarbeit in den Qualitätsgruppen auswerten. Sie lassen sich in den folgenden Thesen zusammenfassen:

- *Die Arbeit in den Qualitätsgruppen eröffnet neue Arbeits-, Kommunikations- und Lernchancen*

Die Arbeit in der Qualitätsgruppe unterscheidet sich in manchem von der üblichen Alltagsarbeit der Mitglieder: Verschiedene Statusgruppen arbeiten über einen längeren Zeitraum intensiv an einer gemeinsamen Thematik. Zu den bereichernden Erfahrungen gehört der Umgang mit den subjektiv unterschiedlichen Erfahrungen und Interessen, Wahrnehmungen und Bewertungen der Mitglieder. Die Kommunikation der in einer Qualitätsgruppe vertretenen unterschiedlichen Mitarbeiterinnen- und Interessengruppen wurde als neuartige und bereichernde Erfahrung erlebt. Die Auseinandersetzung mit den unterschiedlichen Perspektiven auf ‚dieselbe' Sache und der Austausch über die einzelnen Arbeitsbereiche hinaus war offenbar im Institutionsalltag eher unüblich.

Beim Austausch über die Qualität der eigenen Einrichtung trat des öfteren der überraschende Eindruck auf, daß die Kursleiterinnen und Teilnehmerinnen in der Qualitätsgruppe die Leistungen und das Image der Einrichtungen der Familienbildung positiver beurteilten als die hauptamtlich beschäftigten Mitarbeiterinnen. Das kann – kritisch gesehen – einerseits damit zusammenhängen, daß ersteren nicht alle Informationen über den ‚Gesamtbetrieb' zur Verfügung stehen, d.h. sie problematische Aspekte seltener wahrnehmen. Andererseits kann – positiv beurteilt – das Argument genannt werden, daß die Kursleiterinnen und Teilnehmerinnen den Endabnehmerinnen der Dienstleistung ‚Bildung' viel näher stehen und deren (Un-)Zufriedenheit besser einschätzen können. Mit den unterschiedlichen Wahrnehmungen und Bewertungen der Mitglieder der Qualitätsgruppe umzugehen, gehört nach unserer Einschätzung sicherlich zu den zentralen Lernerfahrungen.

Für manche Qualitätsgruppen war es ebenfalls eine neuartige Erfahrung, in diesem Arbeitsprozeß relativ hierarchiearm miteinander zu arbeiten, d.h. die Leitungskräfte als gleichrangige Mitglieder zu betrachten.

Auch die Ergebnisse unserer Befragung der Mitglieder der Qualitätsgruppen belegen die außerordentlich positiven Erfahrungen mit dieser neuen Gruppenkonstellation: Die heterogene Zusammensetzung der Qualitätsgruppe wurde von 97% der befragten Mitglieder als „förderlich" eingestuft und die „vielfach kreativen Lösungen" (96%) betont. Die Arbeit in der Qualitätsgruppe wurde von jeweils über 80% aller Mitglieder als „kooperativ" (83%), „aktiv" (82%), „angenehm" (82%) und „effektiv" (80%) beurteilt. Folglich ist es offenbar den Qualitätsgruppen gelungen, eine hervorragende Balance zwischen einer effektiven Arbeit und einem angenehmen und kooperativen Gruppenklima herzustellen.

- *Qualitätsmanagement benötigt Zeit – Durststrecken gehören dazu!*
Die Arbeit der Qualitätssicherung stellte gerade zu Beginn einen äußerst zeitaufwendigen Prozeß dar. Die Gruppe mußte sich erst auf ihre Arbeit ‚einspielen', d.h. es mußten Regeln und Vereinbarungen geschaffen werden, die bisher nicht existierten.

Die Bearbeitung der Fragebögen nahm einen größeren zeitlichen Raum ein, als ursprünglich dafür veranschlagt war. Nur wenige Qualitätsbeauftragte empfanden die Ergebnisse der Qualitätsgruppenarbeit während der Stärken-Schwächen-Analyse als zu wenig ergiebig im Verhältnis zu ihrem zeitlichen Aufwand. Manche Einrichtungen beklagten eine zu geringe Personalkapazität. Mit zunehmender Erfahrung und Routiniertheit der Gruppe beschleunigte sich der Prozeß jedoch zunehmend.

Der Qualitätsentwicklungsprozeß läuft über einen längeren Zeitraum und ist damit auch Schwankungen unterworfen. In manchen Einrichtungen war die Resonanz auf das Engagement der Einrichtung im Rahmen des Modellprojekts zu Beginn eher verhalten (z.B. angesichts von Personalwechsel, Teilzeitbeschäftigung vieler Mitarbeiterinnen, Hard- und Software-Umstellungen), aber mit der Zeit wuchs die Neugier, die Einsicht in die Notwendigkeit zur Auseinandersetzung mit Qualitätsaspekten und das Interesse an der Mitarbeit. Andere Einrichtungen begannen eher euphorisch und waren verwundert über Einbrüche im Engagement, die sich durch Fehlen einzelner Mitglieder der Qualitätsgruppe, zögerliche Bearbeitung der verabredeten Aufgaben etc. ausdrückten.

Motivation, Kreativität, inhaltliches Engagement, Ergebnisorientierung etc. sind Faktoren, die im Laufe der Arbeit sowohl bei der Qualitätsgruppe als Gesamtheit als auch bei den einzelnen Mitgliedern unterschiedlich ausgeprägt sein können. Um diese Prozesse besser einschätzen zu können, ist die Kenntnis gruppendynamischer Phänomene (s.o.) wichtig.

- *Sensibilisierung für Qualitätsmanagement*

Vielen Mitgliedern von Qualitätsgruppen wurde deutlich, in welchem Maße sich ihre Einrichtung bereits in der Vergangenheit mit Fragen der Qualität beschäftigt hatte. Allerdings wurde die Qualitätsarbeit häufig vor der Mitarbeit in dem Modellprojekt ohne systematische Planung und methodische Stringenz gestaltet. Außerdem wurde den Beteiligten bewußt, daß den Qualitätsbemühungen bislang nur sehr wenige konkrete Anstrengungen zur Verbesserung gefolgt waren.

Die komplexe Bestandsaufnahme aller Bereiche im Rahmen der Stärken-Schwächen-Analyse und die intensive Bearbeitung eines konkreten Vorhabens zur Qualitätsentwicklung wurde zuvor von keiner der beteiligten Einrichtungen durchgeführt.

- *Die Qualitätsgruppe auf dem Weg zum Team – ein Beitrag zur Organisationsentwicklung*

Das selbstorganisierte Lernen und Arbeiten macht aus einer Qualitätsgruppe im Verlauf des längeren Prozesses häufig ein wirkliches Team: „Gemeinsam sind wir unschlagbar!" lautete der Kommentar einer Beteiligten zu unserer Frage nach der Arbeit in der Qualitätsgruppe. Aus unserer Sicht sind die Qualitätsgruppen ein gutes und konkretes Beispiel für das, was heute vielfach als eine lernende Organisation bezeichnet wird: sich gemeinsam auf den Weg zu machen, sach- und sozialbezogen die eigene Einrichtung zu durchleuchten und projektartig ein Vorhaben zur Verbesserung in Angriff zu nehmen.

- *Produktiver Umgang mit Konflikten*

Spielregeln verhindern nicht Konflikte. Diese gehören bei einer so heterogen zusammengesetzten Gruppe und so komplexen Themen, wie sie in den Qualitätsvorhaben bearbeitet wurden, zum Prozeß. Entgegen der landläufigen Meinung sind sie nicht nur als negativ anzusehen, sondern beinhalten produktive Potentiale. Im Hinblick auf die oben bereits erwähnte Wahrscheinlichkeit des Auftretens von Konflikten scheint in den Qualitätsgruppen ein sehr produktiver Umgang vorgeherrscht zu haben (s. Abb. 5.6): 89% aller Mitglieder der Qualitätsgruppen antworteten auf eine entsprechende Frage: „Konflikte wurden ausdiskutiert", 48% gaben an, daß Minderheiten berücksichtigt wurden und 24%, daß Konflikte durch Abstimmung entschieden wurden.

5.2 Die Qualitätsbeauftragten

5.2.1 Rolle und Aufgaben der Qualitätsbeauftragten

Aufgabenbeschreibung

Bei unserem Konzept soll ein Mitglied aus der Qualitätsgruppe die Funktion der Qualitätsbeauftragten übernehmen. Im Sinne der *Prozeßverantwortung* kommt der Qualitätsbeauftragten zum einen die Aufgabe zu, einen geordneten und effizienten inhaltlichen und methodischen Ablauf der Qualitätsentwicklung zu unterstützen und zum anderen, das kreative Potential der Mitglieder der Qualitätsgruppe zu fördern. Zu den Aufgaben der Qualitätsbeauftragten zählten im wesentlichen:

Abb. 5.6: Umgang mit Konflikten

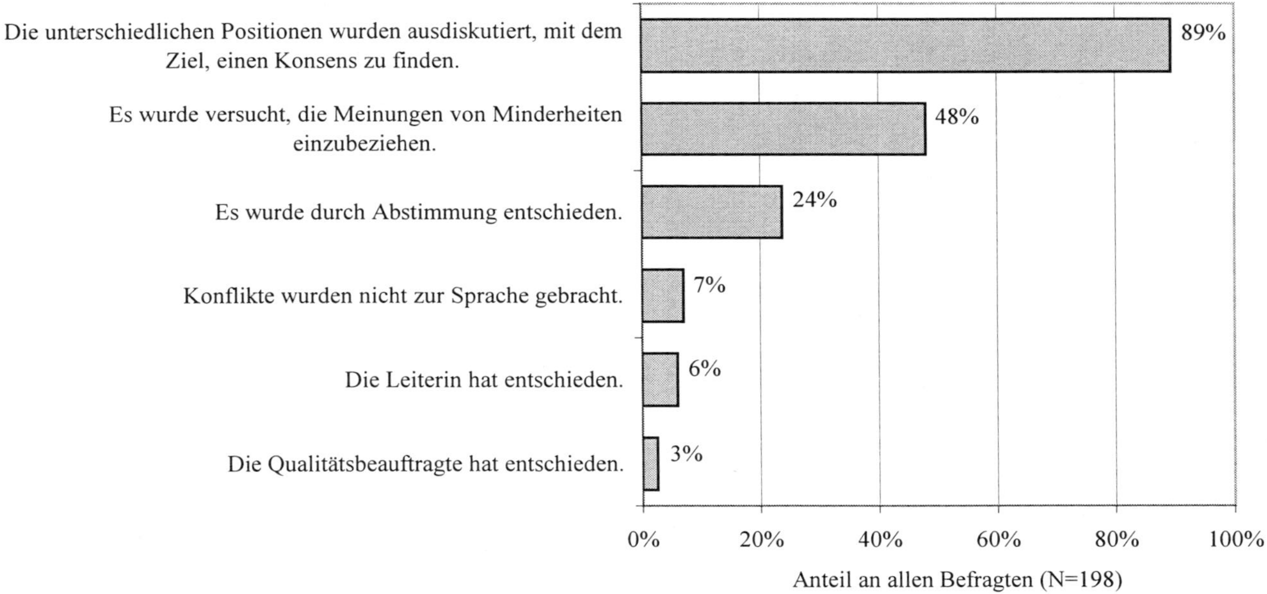

Aussage	Anteil
Die unterschiedlichen Positionen wurden ausdiskutiert, mit dem Ziel, einen Konsens zu finden.	89%
Es wurde versucht, die Meinungen von Minderheiten einzubeziehen.	48%
Es wurde durch Abstimmung entschieden.	24%
Konflikte wurden nicht zur Sprache gebracht.	7%
Die Leiterin hat entschieden.	6%
Die Qualitätsbeauftragte hat entschieden.	3%

Anteil an allen Befragten (N=198)

© Schiersmann / Thiel / Pfizenmaier 2001

- die interne sachbezogene und organisatorische Koordination der Arbeit der Qualitätsgruppe,
- die Moderation der Sitzungen der Qualitätsgruppe,
- die Vermittlung zwischen unterschiedlichen Sichtweisen und Interessen (in der Qualitätsgruppe und ggf. auch in der Einrichtung).

Diese Funktionsbeschreibung läßt sich anhand der in Abb. 5.7 skizzierten Aufgaben annähernd operationalisieren:

Die Qualitätsbeauftragte sollte eine herausgehobene Verantwortung für die *interne Koordination des Projektablaufs* übernehmen. Hierzu zählt die Einladung zu den Sitzungen, die Klärung der Moderation (die nicht unbedingt immer von der Qualitätsbeauftragten selbst übernommen werden muß) und die Aufgabenverteilung zwischen den Mitgliedern der Qualitätsgruppe.

Bezogen auf die psycho-soziale Dimension obliegt ihr die Aufgabe, einen besonderen Beitrag zur Förderung des Zusammenhalts und der Atmosphäre in der Qualitätsgruppe im Sinne der *Teamentwicklung* zu leisten, um optimale Kommunikations- und Arbeitsstrukturen zu unterstützen.

Im Hinblick auf das *Informationsmanagement* kommt der Qualitätsbeauftragten im wesentlichen eine Brücken- oder Scharnierfunktion zu. Sie stellt eine Art Puffer dar zwischen der weitgehend selbstgesteuerten Arbeit der Qualitätsgruppe und der traditionell eher hierarchisch angelegten Organisationsstruktur. Dies betrifft die regelmäßige Information der Leitung – sofern sie nicht selbst Mitglied der Qualitätsgruppe ist – sowie der übrigen Mitarbeiterinnen, z.B. durch die Zusendung von Protokollen, regelmäßige Gespräche (insbesondere z.B. bei der Auswahl eines Projekts zur Qualitätsverbesserung, einer Veränderung der Projektziele, des Zeit- oder Kostenrahmens bzw. anderer genehmigungspflichtiger Aktivitäten). Zum Informationsmanagement zählt auch die Vertretung in Sitzungen und Gremien innerhalb der Organisation sowie nach außen – in Absprache mit der Leitung – z.B. bei Projektpräsentationen oder in Gremien.

Schließlich liegt es nahe, daß der Qualitätsbeauftragten eine herausgehobene Funktion im Hinblick auf die Sichtung und Dokumentation projektrelevanter Informationen zukommt. Hierzu können Literaturhinweise, Materialien, Zeitungsausschnitte, Erfahrungsberichte etc. zählen.

Außerdem kommt ihr eine herausgehobene Rolle bei der *Dokumentation* der Qualitätsentwicklung zu (s. dazu weiter unten).

Abb. 5.7: Aufgaben der Qualitätsbeauftragten

Unserer Vorstellung zufolge kommt der Qualitätsbeauftragten im Sinne der Prozeßverantwortung eine herausgehobene, aber keineswegs alleinige Zuständigkeit für die folgenden Aufgaben zu:

Interne Koordination des Projektablaufs
- Einladung zu den Sitzungen der Qualitätsgruppe
- Klärung der Moderation bei den Sitzungen
- Aufgabenverteilung innerhalb der Qualitätsgruppe

Förderung der Teamentwicklung
- Achten auf die Einhaltung der verabredeten Spielregeln
- Fördern einer kollegialen und vertrauensvollen Atmosphäre
- Konflikte so früh wie möglich aufdecken und zu ihrer produktiven Lösung beitragen

Informationsmanagement
- Information der Mitglieder des Qualitätsgruppe
- Vertretung der Qualitätsgruppe in Sitzungen und Gremien
- Sammlung projektrelevanter Informationen
- Sicherstellung der Dokumentation der Arbeit der Qualitätsgruppe

Controlling
- Anregung regelmäßiger (auch präventiver) Standortbestimmungen des Projekts (insbesondere im Hinblick auf Arbeits-, Zeit- und Kostenpläne)

© Schiersmann/ Thiel 2001

Im Hinblick auf das *Projektcontrolling* liegt die Funktion der Qualitätsbeauftragten schwerpunktmäßig darin, eine laufende Standortbestimmung bezüglich des Projektfortschritts anzuregen bzw. vorzunehmen (s. auch Kap. 4).

Für diese Aufgaben sollte der Qualitätsbeauftragten jedoch nicht die alleinige Verantwortung zugewiesen werden. Sowohl für die inhaltlichen Ergebnisse als auch für den Prozeß der Qualitätsentwicklung ist nach unserer Konzeption die Qualitätsgruppe als Ganzes und nicht die Qualitätsbeauftragte alleine verantwortlich. Die Rolle der

Qualitätsbeauftragten kann als die einer Herausgehobenen unter Gleichen angesehen werden. Sie ist einerseits Mitglied des Teams, andererseits dessen Motivatorin und Koordinatorin. Insbesondere die inhaltliche Vorbereitung der Sitzungen sowie das Erstellen von Protokollen kann und soll z.B. reihum durch verschiedene Mitglieder der Qualitätsgruppe übernommen werden.

Die bestehenden formalen Entscheidungsstrukturen der Einrichtungen werden weder von der Qualitätsbeauftragten noch von der Qualitätsgruppe tangiert.

Uns ist bewußt, daß die Rolle der Qualitätsbeauftragten damit nicht ganz eindeutig definiert ist, d.h. Möglichkeiten zur individuellen Ausgestaltung bietet bzw. diese erfordert. Gerade angesichts dieser nicht ganz eindeutigen Rollendefinition ist es für den Erfolg der Qualitätsarbeit zentral, daß die Aufgaben und Verantwortlichkeit der Qualitätsbeauftragten sowohl gegenüber der Leitung als auch innerhalb des Teams ausgehandelt wurden und für alle transparent sind. Die jeweilige Ausgestaltung hängt von der Geschichte, der aktuellen Struktur sowie der tradierten Kultur einer Einrichtung ab.

Diese Funktion impliziert neue Erfahrungen mit einer ungewöhnlichen aufgaben- und interaktionsbezogenen Rollendefinition, die keineswegs immer ganz eindeutig ist. Nimmt die Qualitätsbeauftragte ihre Führungsrolle gar nicht wahr, so besteht die Gefahr, daß diese Position informell (durch andere Mitglieder der Qualitätsgruppe) besetzt wird, was Kompetenz- und Machtkonflikte heraufbeschwören kann, die nerven- und zeitraubend sind und damit auch die inhaltliche Projektarbeit nachhaltig beeinträchtigen. Außerdem besteht die Gefahr, daß Minderheitenpositionen nicht mehr berücksichtigt werden. Dominiert die Qualitätsbeauftragte auf der anderen Seite zu stark, so geht die Kreativität und das Engagement der Projektgruppenmitglieder mit der Zeit verloren (vgl. Mayrshofer/Kröger 1999, 79).

Um die Funktion kompetent wahrnehmen zu können, sind neben den für das jeweilige Projektthema einschlägigen fachlichen sowohl methodisch-planerische als auch sozial-kommunikative Kompetenzen erforderlich. Zu letzteren zählen die Fähigkeit, Gruppenprozesse einschätzen zu können und Widerstände gegen Veränderungen zu erkennen.

Auswahl der Qualitätsbeauftragten

Einen besonders sensiblen Prozeß stellt die Auswahl der Qualitätsbeauftragten dar. Es ist wichtig, daß diesem Vorgang in der Einrichtung große Aufmerksamkeit und hinreichend Zeit gewidmet wird, um spätere Unklarheiten und Irritationen auszuschließen. Es gibt dabei kein ‚richtiges' Verfahren. Die folgenden Überlegungen können für den Auswahlprozeß nach unserer Erfahrung hilfreich sein.

Unsere Empfehlung geht dahin, die Rolle der Qualitätsbeauftragten nicht der Leitung zuzuweisen, um so die in der Qualitätsgruppe möglichen neuen Lernprozesse zu unterstützen.

Im Hinblick auf den Modus der Auswahl der Qualitätsbeauftragten gibt es wiederum – ähnlich wie bei der Auswahl der Mitglieder der Qualitätsgruppe – verschiedene Strategien: Entweder entscheidet die Leitung der Einrichtung oder die Mitglieder der Qualitätsgruppe wählen eine Person (aus ihrer Mitte). Entscheidet sich eine Einrichtung für das zuletzt genannte Vorgehen, so muß auch über den Wahlmodus und das Wahlverfahren (z.B. Konsensentscheid oder Mehrheitsentscheid) Klarheit hergestellt werden. Wird die Qualitätsbeauftragte von der Qualitätsgruppe gewählt, so erhöht dies deren Akzeptanz in dieser Gruppe und erleichtert damit die gemeinsame Arbeit. Allerdings muß der Leitungsebene klar sein, daß sie sich auf ein etwas größeres Risiko einläßt, wenn sie diese Entscheidung aus der Hand gibt. Sie sollte sich – um dieses Risiko zu minimieren, die Zustimmung zur Wahl der Qualitätsbeauftragten vorbehalten.

5.2.2 Erfahrungen der Qualitätsbeauftragten

Die Rückmeldungen aus den beteiligten Einrichtungen zeigen (s. Abb. 5.8), daß die meisten Qualitätsgruppen (70%[35]) unserer Empfehlung einer Trennung von Einrichtungsleitung und Qualitätsbeauftragten gefolgt sind. Am häufigsten wurde die Funktion der Qualitätsbeauftragten von hauptamtlich tätigen pädagogischen Mitarbeiterinnen übernommen (40%), am zweithäufigsten übernahmen Leitungskräfte diese Funktion (30%). An dritter Stelle folgen Kursleiterinnen, die in immerhin einem Fünftel der Einrichtungen als Qualitätsbeauftragte gewonnen werden konnten. In einigen Einrichtungen engagierten sich auch Verwaltungskräfte (8%).

Das Übergewicht der pädagogisch Tätigen bei den Qualitätsbeauftragten dürfte insbesondere dadurch zu erklären sein, daß Pädagoginnen aufgrund ihrer Qualifikation und Berufserfahrung bereits

---

35 Von 40 der 47 am Projekt beteiligten Einrichtungen liegen uns eindeutige Angaben zum Status der Qualitätsbeauftragten vor.

Abb. 5.8: Zusammensetzung der Qualitätsgruppen

	Einrichtungen, in der die jeweilige Statusgruppe mindestens durch eine Person vertreten ist	
	Absolut (N=43)	%
Leitung	41	95
Hauptamtlich pädagogische Mitarbeiterinnen	37	86
Verwaltungskräfte	36	84
Teilnehmende (z.T. nur phasenweise bzw. zu bestimmten Themen)	21	49
Kursleiterinnen auf Honorarbasis	19	44
Trägervertreterinnen (z.T. nur phasenweise bzw. zu bestimmten Themen)	11	26
Beiratsvertreterinnen	3	7
Praktikantinnen / FSJ	3	7
Raumpflegerinnen	1	2
Vertreterinnen eines Kooperationspartners (nur für Stärken-Schwächen-Analyse)	1	2

© Schiersmann/ Thiel/ Pfizenmaier 2001

über weitreichende Kompetenzen für die Gestaltung von Gruppenprozessen verfügen. Ein weiterer Grund ist in der Tatsache zu suchen, daß zumindest bei den hauptamtlich Tätigen diese zusätzliche Aufgabe leichter im Rahmen ihrer regulären Arbeitszeit ausgeübt werden kann. Schließlich ist davon auszugehen, daß bei den hauptamtlich Beschäftigten eine größere Identifikation mit der Einrichtung vorliegt und von daher ein größeres Interesse an der Qualitätsverbesserung vermutet werden darf. Das Engagement der Verwaltungskräfte ist besonders hervorzuheben, da diese Personengruppe in der Regel aufgrund der beruflichen Ausbildung nicht in gleicher Weise auf Erfahrungen im Umgang mit Gruppen zurückgreifen kann, wie dies für die pädagogischen Berufe üblich ist.

Im Rahmen des Modellprojekts konnte die Fortbildung der Qualitätsbeauftragten erst nach deren Auswahl beginnen. Insofern gab es vor der Entscheidung für diese Aufgabe noch keine konkrete Unterstützung für die Personen, die potentiell an der Übernahme der Funktion als Qualitätsbeauftragte interessiert gewesen wären, sich jedoch im Hinblick auf die dafür erforderlichen Kompetenzen unsicher fühlten.

Eine wichtige Erfahrung für die Qualitätsbeauftragten stellte die Auseinandersetzung mit ihrer schwierigen Rolle dar, insbesondere war es zum Teil ungewohnt, mit der Leitungskraft hierarchiefrei umzugehen. Einige Verwaltungskräfte, die die Funktion der Qualitätsbeauftragten übernommen hatten, fühlten sich zu Beginn eher unsicher, wenn sie als Gruppenleitung mit den pädagogischen und leitenden Mitarbeiterinnen umgehen mußten. Dies dürfte auch darauf zurückzuführen sein, daß die Fortbildung für die Qualitätsbeauftragten im Rahmen des Modellprojekts erst nach dem Start mit deren Arbeit durchgeführt werden konnte. Der Austausch zwischen den Qualitätsbeauftragten der am Modellprojekt beteiligten Einrichtungen während der Workshops wurde als sehr hilfreich für die Motivation und Sicherheit in dieser Funktion empfunden.

Die Qualitätsbeauftragten fühlten sich nicht mehr allein verantwortlich für das Ergebnis, sondern moderierten den Prozeß. Insbesondere der Austausch zwischen den Qualitätsbeauftragten auf den Fortbildungen für die Qualitätsbeauftragten hat ihre Kompetenzen und ihr Sicherheitsgefühl gestärkt. Für einige Qualitätsbeauftragte stellten die Einstellung und Erwartungen der anderen Mitglieder der Qualitätsgruppe eine Schwierigkeit dar, wenn diese die Qualitätsbeauftragte als alleinverantwortlich für den Prozeß und die Ergebnisse betrachteten (Qualitätsbeauftragte als ‚Arbeitsverteilerin', ‚Motivationsauffrischerin' etc.).

Da in fast allen Einrichtungen die Leitung in der Qualitätsgruppe vertreten war, wurden in einigen Fällen Rollenklärungen erforderlich. Dies geschah sehr produktiv unter Einbezug externer Beratung (s. dazu Kap. 6).

Angesichts der objektiv schwierigen Rollenkonstellation ist es als beachtlich zu bewerten, daß immerhin 57% der Qualitätsbeauftragten ihre *Rolle* als klar oder eher klar bezeichneten gegenüber 43%, die ihre Funktion als eher unklar (32%) bzw. unklar (11%) empfanden.

Ihre *Entscheidungskompetenz* in der Einrichtung empfanden knapp zwei Drittel (62%) als angemessen, 21% als beträchtlich und 17% als gering. Diese Ergebnis kann dahingehend interpretiert werden, daß im großen und ganzen die nicht einfache Stellung der Qualitätsbeauftragten in der Einrichtung im Hinblick auf die Entscheidungskompetenz als angemessen angesehen wird. Diese Beobachtung wird durch ein weiteres Ergebnis untermauert: Die Belastung durch Konflikte in der Rolle als Qualitätsbeauftragte empfanden lediglich 9% als beträchtlich, der Rest demgegenüber als gering (58%) bzw. angemessen (33%).

Den mit der Rolle der Qualitätsbeauftragten verbundenen *Arbeitsaufwand* empfanden 44% als angemessen, 56% als beträchtlich. Folglich darf nicht verschwiegen werden, daß die Übernahme dieser Funktion durchaus zeitintensiv ist. Wir empfehlen daher für die Fälle, in denen diese Aufgabe nicht während der Arbeitszeit wahrgenommen werden kann, eine Aufwandsentschädigung anzubieten.

5.3 Rückkoppelung der Arbeit der Qualitätsgruppe in die Einrichtung

5.3.1 Bedeutung und Formen der Rückkopplung

Grundsätzliche Überlegungen

Da die Qualitätsentwicklung in einer Qualitätsgruppe eine neue Arbeitsform darstellt, die nach anderen Prinzipien funktioniert als die alltägliche Berufsarbeit in hierarchischen Institutionen, ist es wichtig, daß die Rückkoppelung dieser Arbeit in die Organisation bewußt gestaltet wird. Dies trägt dazu bei, Mißtrauen und Widerstände gegen die ungewohnte Vorgehensweise zu reduzieren. Dabei lassen sich die folgenden Strategien zur Rückbindung der Arbeit an die Organisation hervorheben:

Innerhalb des vorgegebenen Rahmens, d.h. der Genehmigung eines Projektthemas und der Zusammensetzung der Qualitätsgruppe, agiert diese weitgehend selbständig, d.h. es handelt sich um einen selbstgesteuerten Lern- und Arbeitsprozeß. Trotz der partiellen Verlagerung von Zuständigkeiten aus der traditionellen Hierarchie auf die Qualitätsgruppe werden allerdings die bestehenden Entscheidungsbefugnisse auf der Vorgesetzten-, Leitungs- bzw. Trägerebene nicht außer Kraft gesetzt.

Für eine erfolgreiche Qualitätsarbeit ist es zentral, daß die Leitung sich nicht nur bei Beginn für diese Arbeits- und Lernform einsetzt, sondern diese während des gesamten Prozesses aktiv und nachhaltig unterstützt. Es besteht nach unserer Erfahrung durchaus die Gefahr, daß die Leitung die Qualitätsentwicklung – auch wenn sie es selbst initiiert hat – verniedlicht, als modernistische Spielwiese deklariert und die Arbeitsergebnisse nicht ernst nimmt.

Neben der Zusammenarbeit mit den Leitungsgremien und der Koordinierungsgruppe ist die Beziehung zu Betriebsräten bzw. Personalvertretungen und gegebenenfalls auch zu anderen informellen sowie formellen Gruppen in der Organisation sowie der gesamten Mitarbeiterschaft zu bedenken und zu klären.

Es ist nicht auszuschließen, daß die übrige Mitarbeiterschaft der Arbeit der Qualitätsgruppe skeptisch gegenüber steht, u.a. weil häufig der Eindruck entsteht, es handle sich um einen neuen Machtfaktor innerhalb des organisationalen Gefüges, der sich nicht präzise einschätzen läßt. Die Qualitätsgruppe kann auch gerade deshalb bedrohlich wirken, weil die Mitglieder sich stark mit dieser Arbeit identifizieren und solidarisches Handeln zeigen. Als destruktive Taktiken gegenüber Projektgruppen haben Heintel/Krainz (1994, 129ff.) die des Ignorierens, Boykottierens, Unterwanderns und Konkurrierens identifiziert.

Daher ist es wichtig, daß die übrigen Mitarbeiterinnen der Organisation möglichst regelmäßig über den Stand der Arbeit informiert werden. Dort, wo sich inhaltlich dafür Ansatzpunkte bieten, sollten diese auch aktiv in die Arbeit einbezogen werden. Dies trägt zur intensiven Verankerung der Projektarbeit in der Organisation bei.

Prozeßbezogene Aktivitäten

Folgende Aktivitäten bieten sich an, um die Transparenz der Qualitätsentwicklung gegenüber der Mitarbeiterschaft sicherzustellen:
- Zu Beginn empfiehlt sich ein Forum bzw. *Startworkshop*, der alle Mitarbeiterinnen über die Absicht, sich intensiv mit der Qualitätsentwicklung zu beschäftigen, informiert. Dies dient in erster

Linie dazu, Begründungen und Ziele der ausführlichen Beschäftigung mit Qualitätsfragen transparent zu machen. Es trägt dazu bei, Befürchtungen und Gerüchten entgegenzuwirken und für die Akzeptanz zu werben. Auch kann den Mitarbeiterinnen die Möglichkeit geboten werden, Anregungen und Akzentsetzungen für die Konkretisierung der geplanten Arbeit einzubringen.

- Die gesamte Mitarbeiterschaft sollte nach wichtigen Abschnitten, insbesondere nach der Stärken-Schwächen-Analyse und im Zusammenhang mit der Auswahl eines Vorhabens zur Qualitätsentwicklung – zumindest im Rahmen einer *Zwischenbilanz* – informiert werden. Dies kann im Rahmen eines besonderem Forums, das offen für alle Interessierten ist, oder in Mitarbeiterbesprechungen bzw. Teamsitzungen geschehen. Die Zwischenberichte tragen einerseits dazu bei, die Transparenz des Geschehens sicherzustellen und die übrigen Mitarbeiterinnen von der Relevanz und Zielgerichtetheit der Qualitätsarbeit zu überzeugen. Andererseits wird gewährleistet, daß der Blick für die Realität gewahrt wird. Falsche Erwartungen und unrealistische Vorstellungen können korrigiert werden. Für die aktiv Beteiligten kann eine gelungene Zwischenpräsentation sehr motivierend wirken und dadurch neues Engagement und eventuell auch neue Ressourcen freisetzen (vgl. Mayrshofer/ Kröger 1999, 146). Außerdem trägt sie dazu bei, den Transfer der (späteren) Projektergebnisse in den Arbeitsalltag vorzubereiten.

Folgende Fragen können die Präsentationen systematisieren helfen (in Anlehnung an Mayrshofer/Kröger 1999, 148):

- Wie wurde bisher gearbeitet? Was ist gut gelaufen? Wo gab es eher Schwierigkeiten?
- Welche Abweichungen zwischen den zu erreichenden Zielen und dem bisher Erreichten liegen vor? Wie sind sie zu erklären?
- Welche Perspektiven/Risiken zeichnen sich für den weiteren Projektverlauf ab?

Für die Gestaltung von Präsentationen der Projektarbeit vor der Mitarbeiterschaft bzw. in entsprechenden Gremien lassen sich generell die in Abb. 5.9 zusammengestellten Anregungen/Tips geben.

Schließlich ist es für den Transfer der Erfahrungen aus der Projektarbeit in die Gesamtorganisation wichtig, ein *Abschlußforum* für die gesamte Mitarbeiterschaft vorzusehen und evtl. auch die Organisationskultur durch die Ausgestaltung eines sich an die inhaltliche Präsentation anschließenden Festes zu stärken.

Schriftliche Projektinformation und Qualitätsdokumentation

Neben den persönlichen, interaktiven Formen der Rückkoppelung der Qualitätsentwicklung in die Einrichtung tragen schriftliche Informationen, insbesondere auch die Erstellung einer Projektdokumentation bzw. eines Qualitätshandbuchs, wesentlich zur Transparenz des Prozesses bei. Hilfreich können auch regelmäßige Zeitungen oder Info-Blätter sowie die Nutzung von E-Mail und Web-Seiten sein.

Außerdem stellt die Dokumentation von Prozessen, Ergebnissen und Erfahrungen eine wichtige Grundlage für die mögliche Weiterführung der Projektidee nach Abschluß eines Projekts dar. Soll an einem durch ein Projekt bearbeitetes Thema z.b. nach zwei Jahren angeknüpft werden, so erlaubt die vorliegende Dokumentation, auf die vorhandenen Erfahrungen zurückzugreifen und zu verhindern, daß das ‚Rad wieder neu erfunden werden' muß. Auch für neu in die Einrichtung kommende Mitarbeiterinnen kann der Blick in eine solche Dokumentation einen ersten Eindruck von der Organisationskultur vermitteln.

Abb. 5.9: Anregungen für eine Projektpräsentation

- Präsentieren Sie Ihre Ergebnisse kurz und knapp und planen Sie eine längere Erläuterungs- und Diskussionsphase ein.

- Stellen Sie nicht nur die positiven Ergebnisse vor. Präsentieren Sie auch Schwierigkeiten. Letztere am besten gleich mit konkreten Handlungsvorschlägen für die Entscheider.

- Präsentieren Sie Ihre Projektergebnisse so, daß Sie konkrete Entscheidungsvorschläge anbieten.

- Eine Präsentation ist keine Einwegkommunikation. Fragen Sie Entscheider nach ihrer Meinung, und erbitten Sie Anregungen und zusätzliche Hinweise für den weiteren Projektverlauf.

Quelle: Mayrshofer/ Kröger 1999, S. 147f.

Allerdings sollte eine übertriebene Papier- und Dokumentationswut vermieden werden, um nicht die Schriftlichkeit an Stelle der notwendigen Kommunikation überwiegen zu lassen.

Es lassen sich zwei verschiedene Formen der Dokumentation unterscheiden, die wir mit *Projektdokumentation* und *Qualitätshandbuch* bezeichnen.[36] Die *Projektdokumentation* soll den laufenden Prozeß festhalten und den unmittelbar bzw. mittelbar Beteiligten als Informationsquelle dienen. Sie soll sicherstellen, daß jederzeit ein aktueller Stand der Projektarbeit verfügbar ist. Außerdem dient sie als gute Grundlage für die Erstellung eines Abschlußberichtes und die Erfahrungssicherung (vgl. Süß/Eschlbeck 1997, 7).

Das *Qualitätshandbuch* hält die Arbeitsergebnisse fest und richtet sich eher an nicht direkt am Prozeß Beteiligte einschließlich der Fachöffentlichkeit. Das Konzept eines Handbuchs bietet aus unserer Sicht den Vorteil, daß es eine offenere Konzeption darstellt, an der zu einem späteren Zeitpunkt weitergearbeitet werden kann.

In der Abb. 5.10 haben wir einige Aspekte zusammengestellt, die aus unserer Sicht im Qualitätshandbuch enthalten sein sollten. Sie sind jedoch für den je spezifischen organisationalen Kontext zu modifizieren.

Für die Erstellung eines Qualitätshandbuchs trägt die Qualitätsbeauftragte eine etwas größere Verantwortung als die übrigen Mitglieder der Qualitätsgruppe. Dies bedeutet allerdings auch in diesem Punkt nicht, daß sie dazu erforderliche Arbeiten selbst ausführen soll. Ihre Funktion ist eher eine koordinierende, d.h. es muß geklärt werden, was im einzelnen in das Qualitätshandbuch aufgenommen werden soll und welche Mitglieder aus der Qualitätsgruppe welche Zuarbeit leisten. Es ist naheliegend, daß sich auch die Leitung an der Ausgestaltung der Konzeption des Qualitätshandbuchs beteiligt, da es auch für die Außendarstellung der Organisation benutzt werden kann.

---

36 Andere Autoren (z.B. Süß/Eschlbeck 1997, 6) wählen die Zuordnung der Begriffe anders. Dies ist aus unserer Sicht nachrangig. Entscheidend ist, daß die beiden Funktionen der unterschiedlichen Dokumentationsformen getrennt gehalten werden.

> **Abb. 5.10: Anregungen für die Systematik eines Qualitätshandbuches**

Ein Qualitätshandbuch kann u.a. folgende *Funktionen* haben:
- Dokumentation der laufenden Arbeit der Einrichtung,
- Dokumentation der Aktivitäten zur Weiterentwicklung der Qualität der Einrichtung,
- Dokumentation der Qualitätsstandards der Einrichtung,
- Ausgangsbasis für die kontinuierliche Weiterentwicklung der Einrichtung (durch regelmäßige Überprüfung und ggf. Veränderung der bestehenden / festgelegten Standards),
- Gewährleistung von Transparenz gegenüber den Mitarbeiter/-inne/n im Hinblick auf Arbeitsabläufe, Verantwortlichkeiten, Prinzipien des Qualitätsmanagements usw.,
- Arbeitshilfe bei der Einarbeitung neuer Mitarbeiter/-innen,
- Arbeitshilfe bei der Wiederholung bzw. Wiederaufnahme von Projekten (z.B. Beteiligung an einer Bildungsmesse, Durchführung einer Fachtagung),
- Archiv für ‚Merkposten' für weitere Vorhaben zur Qualitätsverbesserung.

Der folgende Vorschlag für eine Systematik eines solchen Qualitätshandbuchs soll lediglich als *Anregung* dienen, d.h. Sie können (oder müssen) diese entsprechend den spezifischen Bedingungen Ihrer Einrichtung modifizieren bzw. ergänzen. Auch möchten wir nachdrücklich betonen, daß in Ihrem Qualitätshandbuch n i c h t alle unten genannten Kriterien und Aspekte mit Dokumenten abgedeckt sein müssen, sondern daß Sie *n a c h   u n d   n a c h* die Ergebnisse Ihrer Vorhaben zur Qualitätsverbesserung darin dokumentieren können. D.h. mit dem Prozess der Qualitätsentwicklung in Ihrer Einrichtung wächst auch allmählich Ihr Qualitätshandbuch. Und umgekehrt kann Ihr Qualitätshandbuch immer aktuell Auskunft geben über die Ergebnisse Ihrer bisherigen Aktivitäten zur Qualitätsentwicklung.

Wir schlagen eine *Gliederungssystematik* vor, die sich an den 9 Kriterien der Stärken-Schwächen-Analyse orientiert und jedem Kriterium Dokumente mit den Ergebnissen zu folgenden Fragen zuordnet:[1]

A   Welche - schriftlich festgehaltenen - *Standards* gibt es bereits in der Einrichtung?

---

1   Im Qualitätshandbuch sollten nur E r g e b n i s s e Ihrer Qualitätsanstrengungen dokumentiert werden. Die Unterlagen, die den Prozess Ihres Vorhabens zur Qualitätsverbesserung abbilden, sollten Sie in einer getrennten ‚Akte' dokumentieren.

B   Welche *Ansatzpunkte für die Weiterentwicklung von Qualität* ergeben sich aus der Stärken-Schwächen-Analyse in Bezug auf das jeweilige Kriterium?

C   Welches bzw. welche *konkreten Vorhaben zur Qualitätsverbesserung* sollen auf der Grundlage der Stärken-Schwächen-Analyse in Angriff genommen werden bzw. wurden bereits in Angriff genommen?

D   Welche *Qualitätsstandards* wurden bei den Vorhaben zur Qualitätsverbesserung erarbeitet?
Diese „neuen" bzw. aktualisierten Standards ergeben gemeinsam mit den bereits bestehenden (siehe A) die *aktuell geltenden Qualitätsstandards* Ihrer Einrichtung. (Es empfiehlt sich, diese auch gemeinsam abzulegen.)

Im folgenden haben wir b e i s p i e l h a f t (!) *Dokumente* für solche Qualitätsstandards zusammengestellt und den 9 Kriterien zugeordnet:

Ziele und Strategien
- Leitbild / Ziele der Einrichtung
- Konzepte einzelner Fachbereiche

Leitung
- Leitungskonzept (Leitungsgrundsätze, Entscheidungsbefugnisse / Verantwortlichkeiten der Leitung, Aufgaben der Leitung usw.)
- Stellenbeschreibung der Leitung
- Qualitätskonzept der Einrichtung

Mitarbeiter/-innen
- Aufgabenverteilung
- Konzept zur internen Kommunikation: Art und Häufigkeit von Dienstbesprechungen, Gegenstände und Form der schriftlichen Dokumentation (z.B. Sitzungsprotokolle, Gesprächsnotizen), Gegenstände und Form von gegenseitiger Information usw.
- Kriterien für die Personalauswahl, z.B. Anforderungen an Kursleiter/-innen
- Fortbildungsplanung

Ressourcen und Kooperationspartner
- Festlegung einer EDV-(Netz-)Architektur und von Standards für die einzelnen PC-Arbeitsplätze
- Standards für die familiengerechte Ausstattung der Einrichtung
- Finanzplan für das laufende Jahr

Prozesse
- Standards für die Programmplanung (hinsichtlich Bedarfsanalyse – Programmentwicklung – Herstellung des Programmheftes – Programmverteilung – Beratung von Teilnehmenden – Kursanmeldeverfahren usw.)
- Standards für die Evaluation von Kursen / Gruppen
- Standards für den bürgerfreundlichen Umgang mit Teilnehmenden
- Arbeitsplatzbezogene Abläufe / „Arbeitsanweisungen"

Teilnehmer-/ kundenbezogene Ergebnisse
- Fragebogen zur schriftlichen oder mündlichen Befragung von Teilnehmenden
- Leitfäden für Feedback-Gespräche mit Geldgebern, dem Träger und/oder externen Kooperationspartnern

Mitarbeiterbezogene Ergebnisse
- Fragebogen zur schriftlichen Befragung von Mitarbeiter/-inne/n
- Leitfäden für Gespräche mit hauptamtlichen Mitarbeiter/-inne/n und Honorarkräften

Gesellschaftsbezogene Ergebnisse
- Instrument(e) zur Erhebung der Fremdwahrnehmung der Einrichtung (z.b. Raster für die Auswertung der Medienberichterstattung)
- Konzept zur regionalen und lokalen Gremienarbeit / politischen Einflußnahme

Schlüsselergebnisse
- Dokumentation relevanter Ergebnisse: z.B. Grad der Zielgruppenerreichung im Vergleich zu den gesetzten Zielen, Qualifikation / Kompetenzen von Kurs-/Gruppenleiter/-inne/n im Vergleich zu den gestellten Anforderungen, Entwicklung der Qualifikationen von Kurs-/Gruppenleiter/-innen in den letzten 5 Jahren, Entwicklung der Teilnehmerzahlen im Vergleich zu den gesteckten Zielen, Betriebswirtschaftliche Kennzahlen (Verhältnis von Umsatz zu Personalkosten, Kosten pro Teilnehmerstunde, Deckungsbeiträge, ...)
- Auswertung der Ergebnisse der Kursevaluationen (Stichwort „Lernerfolg")

Über diese 9 Kriterien hinaus schlagen wir Ihnen vor, die folgenden I n s t r u m e n t e z u r m e t h o d i s c h e n U n t e r s t ü t z u n g Ihrer Aktivitäten zur Qualitätsentwicklung mit in ein Qualitätshandbuch aufzunehmen:

X. *Materialien zur Durchführung der Stärken-Schwächen-Analyse*

XI. *Methodische Anregungen für die Planung und Umsetzung von Vorhaben zur Qualitätsverbesserung*

© Schiersmann/ Thiel/ Pfizenmaier 2001

6 Fortbildung und Beratung vor Ort zur Unterstützung der Qualitätsentwicklung

Da es sich bei der Implementation des Qualitätsentwicklungsmodell um einen für die Einrichtungen in dieser Form in der Regel neuen Aufgabenbereich handelt, ist es im Interesse einer erfolgreichen Arbeit wichtig, diesen Prozeß durch begleitende Fortbildung (s. Kap. 6.1) und Beratung (s. Kap. 6.2) zu unterstützen.

6.2 Fortbildung

6.2.1 Fortbildungsmodule

Auftaktworkshop für Leiterinnen

Da den Leitungskräften von Bildungseinrichtungen die zentrale Verantwortung für die Qualitätsentwicklung zukommt, erscheint es uns wichtig, diese Gruppe für dieses neue Aufgabenfeld zu sensibilisieren. Daher bietet sich ein Auftaktworkshop für diesen Personenkreis mit folgenden Zielsetzungen an:

- Sensibilisierung für die Bedeutung von Qualitätsentwicklung
- Auswertung der bisherigen Erfahrungen mit Qualitätsanstrengungen
- Kennenlernen der Elemente des organisationsbezogenen Qualitätsentwicklungskonzepts, wie sie in den vorigen Kapiteln beschrieben worden sind: organisationsumfassende Stärken-Schwächen-Analyse in Anlehnung an das Modell der EFQM, Projekte zur Qualitätsverbesserung, Arbeit in Qualitätsgruppen und Rolle der Qualitätsbeauftragten, Dokumentation der Qualitätsverbesserung, Unterstützung durch Fortbildung und Beratung.

- Vorbereitung der konkreten Schritte zur Einführung des Qualitätsentwicklungskonzepts in der Einrichtung
- Einführung in die Arbeit mit den Leitfäden zur Stärken-Schwächen-Analyse

Einführung für potentielle Qualitätsbeauftragte

Da sich die Qualitätsbeauftragten – wie in Kap. 5.2 beschrieben – auf eine nicht ganz einfache Rolle einlassen, halten wir es für wichtig, daß sie im Vorfeld ihrer Entscheidung für diese Funktion die Möglichkeit erhalten, sich mit dem Qualitätsmodell und den Aufgaben der Qualitätsbeauftragten auseinanderzusetzen. In dieser Einführung stehen die folgenden Ziele im Vordergrund:

- Kennenlernen der Elemente des Qualitätsmodells (s.o.)
- Sensibilisierung für die Rolle als Qualitätsbeauftragte und die Arbeitsweise der Qualitätsgruppe
- Einführung in die konkrete Arbeit mit den Leitfäden zur Stärken-Schwächen-Analyse

Prozeßbegleitende Fortbildung für Qualitätsbeauftragte

Während der Durchführung der Organisationsdiagnose und der Projekte zur Qualitätsverbesserung sollten den Qualitätsbeauftragten aufgrund unserer Erfahrung zumindest drei eintägige Fortbildungsmodule angeboten werden. Die zu bearbeitenden Themen richten sich zum Teil nach den jeweiligen Erfordernissen der konkreten Gruppen. Es lassen sich aber folgende allgemeine Themen benennen, die in diesem Zusammenhang eine zentrale Rolle spielen:

Modul I:

- Aufarbeitung der ersten Erfahrungen mit der Stärken-Schwächen-Analyse
- Vorbereitung der Auswahl eines Vorhabens zur Qualitätsverbesserung
- Reflexion gruppendynamischer Abläufe in der Qualitätsgruppe bzw. zwischen Qualitätsgruppe und Leitung
- Erfahrungsaustausch über die Ausgestaltung der Rolle als Qualitätsbeauftragte

Modul II:

- Einführung in das Instrumentarium des Projektmanagements zur Umsetzung der Vorhaben zur Qualitätsverbesserung (u.a. Zielklärung, Erstellung eines Projektstrukturplans sowie eines Ablaufplans)
- Exemplarische Bearbeitung schwieriger Situationen im Rahmen der Qualitätsarbeit
- Kennenlernen von Verfahren zur Konfliktmoderation
- Inhaltliche Anregungen zu einzelnen Qualitätsprojekten
- Anlage der Projektdokumentation
- Formen der Rückkoppelung der Projektarbeit in die Einrichtung
- Erfahrungsaustausch über die Ausgestaltung der Qualitätsentwicklung in den Einrichtungen

Modul III:

- Kennenlernen weiterer Instrumente des Projektmanagements, insbesondere Verfahren des Controllings und der Erfolgsmessung
- Vertiefung und Ausdifferenzierung der Themen aus Modul I und II
- Gestaltung des Abschlusses und Weiterführung der Arbeit

Es hat sich bewährt, diese Fortbildungen möglichst praxisnah zu gestalten und die Themen anhand realer Situationen in den Einrichtungen zu behandeln. Die Qualitätsbeauftragten können sich auch gegenseitig im Sinne kollegialer Beratung unterstützen.

6.1.2 Erfahrungen mit den Fortbildungselementen

Im Rahmen des Modellprojekts wurden die folgenden Workshops für die am Projekt beteiligten Einrichtungen angeboten (s. Abb. 6.1):

- ein Auftaktworkshop für Leitungskräfte der Einrichtungen der Familienbildung aus allen drei ausgewählten Bundesländern
- jeweils drei Workshops in den drei Bundesländern
- ein Abschlussworkshop für alle beteiligten Einrichtungen.

Der bereits im Dezember 1998 durchgeführte länderübergreifende *Auftaktworkshop,* zu dem die Leiterinnen von Einrichtungen der Familienbildung in Hessen, Mecklenburg-Vorpommern und Niedersachsen eingeladen wurden, hatte folgende Funktionen:

- Er sollte den anwesenden Leiterinnen die Gelegenheit bieten, ihre bisherigen Qualitätsbemühungen zu reflektieren.
- Es wurden Erfahrungen anderer, bereits abgeschlossener bzw. noch laufender Projekte zum Qualitätsmanagement vorgestellt.
- Das von uns in Anlehnung an das EFQM-Konzept entwickelte Qualitätsmodell wurde vorgestellt und diskutiert, um damit eine fundierte Entscheidung für oder gegen eine Beteiligung am Projekt zu ermöglichen.

Im Mittelpunkt des *ersten länderspezifischen Workshops*, der im Februar 1999 durchgeführt wurde und sich an Qualitätsbeauftragte und Leitungskräfte richtete, stand die Vorstellung und exemplarische Bearbeitung der von uns entwickelten Materialien zur Durchführung der organisationsumfassenden Stärken-Schwächen-Analyse in den beteiligten Einrichtungen.

Beim *zweiten länderspezifischen Workshop*, der im Mai 1999 durchgeführt wurde und sich ebenfalls an Qualitätsbeauftragte und Leitung wandte, ging es im wesentlichen um folgende Punkte:

- Gemeinsame Auswertung der Stärken-Schwächen-Analysen und der daraus resultierenden Verbesserungsbereiche
- Erörterung möglicher Projekte zur Qualitätsverbesserung
- Exemplarische Bearbeitung von Materialien zur Grobplanung von Projekten, um die Realisierbarkeit der geplanten Vorhaben zu prüfen

Beim *dritten länderspezifischen Workshop* im Oktober/November 1999 standen neben dem Erfahrungsaustausch und der weiteren Unterstützung der Einrichtungen bei der Umsetzung ihrer Vorhaben zur Qualitätsverbesserung Methoden des Controlling (im Sinne von Lenkung und Steuerung) zur Diskussion, um die Projektarbeit gezielt zu unterstützen.

Beim länderübergreifenden *Abschlußworkshop* wurden die bis dahin gemachten Lernerfahrungen und Ergebnisse ausgetauscht und zukünftige Schritte zur Fortführung der Qualitätsentwicklung in den einzelnen Einrichtungen erörtert.

Bei den 3 eintägigen *Fortbildungsmodulen für Qualitätsbeauftragte* standen die folgenden inhaltlichen Schwerpunkte im Vordergrund:

- die Klärung der Rolle der Qualitätsbeauftragten
- die Vermittlung von Methoden zur Moderation von Gruppen und zum Umgang mit Konflikten

- methodische und inhaltliche Anregungen zu konkreten Fragestellungen aus der Arbeit der Qualitätsgruppen sowie
- kollegiale Bearbeitung aufgetretener schwieriger Situationen

An den Fortbildungen nahm knapp die Hälfte der Qualitätsbeauftragten der beteiligten Einrichtungen teil. Die Gruppe setzte sich korrespondierend zu der Zusammensetzung der Qualitätsbeauftragten (s. Kap 5.2) zur Hälfte aus hauptamtlichen pädagogischen Mitarbeiterinnen, zahlreichen Leitungskräfte und Kursleiterinnen sowie drei Verwaltungskräften zusammen.

Neben der Vermittlung von wichtigen Informationen für die Qualitätsentwicklung erwies sich der auf den Workshops für Qualitätsbeauftragte mögliche *Erfahrungsaustausch* für die Teilnehmerinnen als sehr wichtig. Dadurch wurden u.a. die unterschiedlichen Ressourcen der beteiligten Qualitätsbeauftragten sowohl im Hinblick auf inhaltliche Fragen als auch auf mögliche Problemlösungen aktiviert. Positiv hervorgehoben wurde von den Teilnehmerinnen, daß die Fortbildungen auch Einblick in den Projektverlauf anderer Einrichtungen gewährten.

Die bei den Fortbildungen phasenweise praktizierte kollegiale Praxisberatung in Kleingruppen bot die Chance, die Rolle der Qualitätsbeauftragten intensiv zu reflektieren und damit gewonnene Erfahrungen auszutauschen. Per se bedeuteten die Fortbildungen eine Anerkennung und Aufwertung der Arbeit der Qualitätsbeauftragten.

Die Rückmeldungen der Qualitätsbeauftragten zeigen, daß das Fortbildungsangebot – und dabei insbesondere auch der Erfahrungsaustausch zwischen den verschiedenen Qualitätsbeauftragten – als sehr hilfreich für die Motivation und die Sicherheit in der neuen Funktion wahrgenommen wurde.

6.2 Professionelle Beratung in den Einrichtungen

Sowohl bei der Organisationsdiagnose in Form einer Stärken-Schwächen-Analyse im Rahmen eines EFQM-orientierten Ansatzes (s. Kap. 3) als auch bei den darauf aufbauenden Vorhaben zur Qualitätsverbesserung durch die Methode des Projektmanagements (s. Kap. 4) spielen die je *institutionellen Bedingungen* einer konkreten Einrichtung – samt dem besonderen Umfeld und den ‚einmaligen' Mitarbeiterinnen – eine zentrale Rolle. Weil Qualitätsentwicklung zentrale Strukturen und Abläufe sowie die Kultur von Einrichtungen der Familienbildung tangiert, ist sie in dem von uns erprobten Sinne von Organisationsentwicklung (OE) nicht zu trennen (vgl. Offermann/Pohl 1997). Die klassische Form der Fortbildung, die zumeist allgemeines Wissen vermittelt und auf die spezifischen Situationen vor Ort nicht genau und nachhaltig eingehen kann, muß deshalb durch weitere, geeignete Unterstützungsformen ergänzt werden (vgl. Thiel 1998). Im folgenden werden Argumente für eine Integration von Elementen der Beratung vor Ort skizziert und die Erfahrungen mit dem Konzept vorgestellt.

Da wir selber mit der aufeinander abgestimmten Kombination von allgemeiner Fortbildung und spezifischer Beratung vor Ort in der Vergangenheit bereits gute Erfahrungen gemacht haben (vgl. Schiersmann/Thiel 2000b), hielten wir es für sinnvoll, über die Workshops und Fortbildungen hinaus als weiteres Element der Unterstützung während des Prozesses der Qualitätsentwicklung eine Beratung ‚vor Ort' durch neutrale, externe Professionelle anzubieten, die an die vorhandenen Kompetenzen und Ressourcen der Mitarbeiterinnen anknüpft, diese fördert bzw. mobilisiert. Hierbei kann auf zumeist nichtstandardisierbare Situationen detaillierter eingegangen werden als in einer klassischen Fortbildung.

Hinsichtlich des Beratungsvolumens sind wir davon ausgegangen, daß etwa die Hälfte der 47 am Modellprojekt beteiligten Einrichtungen das Angebot einer Beratung in Fragen der Qualitätsentwicklung in Anspruch nehmen würde. Aus finanziellen Gründen, aber auch aufgrund der Überlegung, das Selbsthilfepotential der Mitarbeiterinnen zu nutzen und sie nicht von einer längerfristigen und intensiven Beratung – wie sie im Rahmen einer Organisationsentwicklung geschieht – ‚abhängig' zu machen, beschränkten wir die Beratung auf maximal 2 Tage pro Einrichtung (wobei auch halbe Tage in Anspruch genommen werden konnten). Offermann/Pohl (1997, 213) machten uns – vor dem Hintergrund ihrer Erfahrungen in der Begleitung von Qualitätsentwicklungen in Einrichtungen der beruflichen Weiterbildung – eher Mut im Hinblick auf eine Beschränkung der Beratertage: „Eine eindeutige Korrelation der Anzahl der geleisteten Beratungstage zum bisherigen Projekterfolg scheint nicht gegeben zu sein."

Mit der Durchführung der Beratung wurde das Deutsche Institut für Erwachsenenbildung (DIE) beauftragt, dessen Beraterinnen und Berater über eine für unser Projekt sehr gut geeignete Kombination von methodischen und feldspezifischen Kompetenzen in den Bereichen Organisationsentwicklung, Total Quality Management (inkl.

EFQM) und Familienbildung verfügten. Außerdem gingen sie von einem mit dem Ansatz des Modellprojekts kompatiblen, ressourcen- und veränderungsorientierten Verständnis der von ihnen sogenannten ‚Impulsberatung' für die Qualitätsentwicklung aus. Mit dem DIE wurde vereinbart, daß aus den Beratungen – aus Gründen des Vertrauensschutzes – keine konkreten Informationen, die sich auf einzelne Einrichtungen beziehen, an das wissenschaftliche Team, d.h. uns Autorinnen weitergegeben wurden. Nach Abschluß des Modellprojekts hat das DIE eine Gesamtauswertung des Beratungsprozesses verfaßt (vgl. Mathes 2000), die wir – neben der schriftlichen Befragung der Leiterinnen, der Qualitätsbeauftragten und der Qualitätsgruppenmitglieder sowie mündlichen Äußerungen in den Präsenzphasen der Fortbildung und Workshops – in diesen Abschnitt einfließen lassen. Es kristallisierten sich bestimmte Typen von *Anlässen* heraus, für die die Impulsberatung vorrangig in Anspruch genommen wurde. Deren prozeß- und lösungsorientierte Bearbeitung stellen wichtige Ziele dieser spezifischen Beratungsform dar:

Impulsberatung als Vertiefung der Fortbildungsinhalte und Unterstützung bei Sach- und Methodenfragen

Der Transfer der Wissens- und Erfahrungsvermittlung aus den Fortbildungseinheiten in die Qualitätsgruppe vor Ort geschieht in einer besonderen sozialen Situation, die in der Fortbildung nicht angemessen kognitiv vorweggenommen oder voll simuliert werden kann (z.B. durch Rollenspiele). Gegenüber den Präsenzphasen in der Fortbildung befinden sich die Qualitätsbeauftragte bzw. die Leitung in der Einrichtung ‚vor Ort' in einem anderen Setting. Klappt der Transfer bzw. müssen nicht evtl. Inhalte der Fortbildung *auf die konkrete Situation vor Ort* hin vertieft, spezifiziert oder ergänzt werden?

Erfahrungsgemäß ist häufig eine gezielte Hilfestellung beispielsweise bei der Auswahl eines Projektvorhabens zur Qualitätsverbesserung aus mehreren möglichen Alternativen oder bei der Eingrenzung eines zu weit gefaßten Themas hilfreich. Die Vorhaben zur Qualitätsverbesserung auf der Basis der organisationsumfassenden Stärken-Schwächen-Analyse müssen beispielsweise konkretisiert, genau geplant und auf ihre Realisierbarkeit unter der Perspektive zeitlicher und personeller Ressourcen überprüft werden.

In diesen eher sachbezogenen Zusammenhang gehören auch ‚inhaltliche Impulse zur Projektgestaltung' und die ‚Vertiefung der Methoden zur Projektarbeit', indem durch strukturierende Verfahren die Umsetzung der Vorhaben zur Qualitätsverbesserung in der Beratung ergebnisorientiert vorangetrieben werden. Im Vordergrund standen Methoden des Projektmanagements sowie fachliche Stellungnahmen zu einrichtungsspezifischen Projektinhalten (z.B. Fragebogen zur Erfassung von Kursleiterinnen- und Mitarbeiterinnenzufriedenheit; Leitbildentwicklung). Die Impulsberatung hat hier die vertiefende Funktion einer fortgesetzten ‚Fortbildung vor Ort'.

Impulsberatung als Hilfe zur Rollenklärung und Konfliktbewältigung

Sowohl bei den Workshops als auch bei der Fortbildung der Qualitätsbeauftragten sind ‚nur' einzelne Personen aus einer Einrichtung der Familienbildung – nämlich Leitungskräfte oder Qualitätsbeauftragte – anwesend, denen im Prozeß der Qualitätsentwicklung eine wichtige Rolle zukommt, niemals hingegen die gesamte Qualitätsgruppe. Auch gelegentliche kollegiale Beratungssituationen für einzelne Qualitätsbeauftragte im Rahmen der Fortbildung ersetzen keine intensive Begleitung der gesamten Qualitätsgruppe mit einem größeren Zeitkontingent. Der Prozeß der Qualitätsentwicklung in der Einrichtung durchläuft aufgrund der heterogenen, statusinhomogenen Zusammensetzung der Qualitätsgruppe (z.B. Leitung, pädagogische Mitarbeiterin, Kursleiterin, Verwaltungskraft, Teilnehmerin, Trägervertreterin usw.) sowie aufgrund der prozeßorientierten Vorgehensweise mit neuartigen Formen des Lernens und Zusammenarbeitens über einen längeren Zeitraum besondere, letztlich nicht vorhersehbare *gruppendynamische Situationen*. Die Gestaltung der Qualitätsentwicklung in einer Einrichtung durch die Qualitätsgruppe ist ein längerer, komplexer Prozeß, in dem es zu unvorhergesehenen Spannungen und Konflikten kommen kann, die den inhaltlichen Bearbeitungsprozeß behindern können. Beispielsweise können in der Beratung vor Ort tendenzielle Rivalitäten im Team zur Sprache kommen oder Widerstände thematisiert werden, die durch die mit dem Vorhaben zur Qualitätsverbesserung einhergehenden Veränderungen in der Einrichtung auftreten.

Zu den Aufgaben einer Impulsberatung gehört insbesondere die ‚Klärung von Rollen und Verantwortlichkeiten der Beteiligten' – z.B. die Anforderungen an die Qualitätsbeauftragte – und die Unterstützung einer besseren Zusammenarbeit im Team. Es können Rollenkonflikte z.B. zwischen Qualitätsbeauftragter und Leitung auftreten, wobei sich die unterschiedlichen Führungsstile auf die Verhältnisbestimmung auswirken. Intensive Spannungen bzw. Abstimmungsbedarfe zwischen Qualitätsgruppe und den übrigen Mitarbeiterinnen der Einrichtung im Laufe des Bearbeitungsprozesses können virulent werden, die eine Qualitätsgruppe nach der subjektiven Einschätzung ihrer Kompetenzen zu überfordern drohen und den erfolgreichen Abschluß gefährden. Um solche Blockaden in inhaltlicher und beziehungsmäßiger Hinsicht zu lösen und die selbständige Weiterarbeit an dem gemeinsamen Projektthema zu ermöglichen, ist eine kurze, aber intensive Impulsberatung hilfreich.

Das DIE-Beratungsteam hatte es sich auch zur Aufgabe gemacht,

– Spielregeln für die Arbeit der Qualitätsgruppe zu thematisieren,
– Reflexion von gruppendynamischen Prozessen und Rollenklärungen durch Elemente der Moderationsmethode zu befördern,
– bei Durchhängephasen und Durststrecken die Qualitätsgruppe zu motivieren und diese Anlässe als Bestandteil des gemeinsamen Lernprozesses zu sehen,
– ‚im Einzelfall' Schlüsselakteure zu coachen, obwohl sich die Beratung in der Regel an die Gesamteinrichtung richtete.

Die Beratung vor Ort mit der gesamten Qualitätsgruppe ist dafür eine angemessene Methode. Wegen der Nichtstandardisierbarkeit der gruppendynamischen Situationen und der je spezifischen institutionellen Rahmenbedingungen muß die allgemeine Fortbildung durch eine Beratung vor Ort ergänzt werden. Angeleitete Reflexionen über die Arbeitsatmosphäre und die Kooperation innerhalb der Qualitätsgruppe sowie die Klärung von Rollen stellt nach unserer Auffassung zugleich einen Beitrag zur Teamentwicklung in der Einrichtung dar.

Impulsberatung als Außenperspektive auf ‚blinde Flecken' der Organisation

Im Vergleich mit der eher sachbezogenen Unterstützung oder der mehr die Beziehungsebene betreffenden Beratung läßt sich ein dritter Anlaß ausmachen, der eher generelle *Muster* der Einrichtung betrifft. Die eigenen ‚*blinden Flecke*', ‚Mythen' oder ‚Tabus' in der Organisation aufzudecken und zu bearbeiten – das wissen wir aus der Supervision und Organisationsberatung –, ist ohne externe, neutrale und professionelle Unterstützung kaum möglich.

Die Beraterinnen hoben einerseits die durchgängig hohe Bereitschaft zur Weiterentwicklung und Selbstreflexion der Familienbildungsstätten hervor, andererseits gibt es wegen des ‚familiären und menschlichen Klimas' und einem hohen Bedürfnis „nach Übereinstimmung und Festlegung gemeinsamer Planungsschritte" oftmals große Unklarheiten hinsichtlich der „Verteilung von Zuständigkeiten und Verantwortlichkeiten" sowie eine Vermeidungstendenz hinsichtlich der ‚Unterschiedlichkeit sachlicher Positionen' und ein schwach ausgeprägtes Bewußtsein über den Wert der eigenen Einrichtung für ihr Umfeld (s. Kap. 3.3).

Einen Entwicklungsbedarf von Familienbildungsstätten sieht das Berater-Team hinsichtlich der ‚Unklarheit darüber, wie der Weg zu verbesserten und moderneren Bedingungen aussehen bzw. gegangen werden kann.' Aufgrund der knappen personellen, finanziellen und räumlichen Ressourcen seien die Mitarbeiterinnen zudem ‚oftmals eine relativ hohe Planungsunsicherheit gewohnt'.

Externe Beraterinnen stoßen somit im Verlauf eines Beratungsprozesses auf ‚Themen und Probleme, die auf tieferen Ebenen der Organisation angesiedelt sind'.

Leider sind für diese kurzzeitberaterische Interventionsform kaum ausgearbeitete Konzepte vorhanden. Aus eigener Erfahrung war uns bewußt, daß für das Setting der meist 1-2tägigen Beratung vor Ort die Balance zwischen der Bearbeitung von inhaltlichen, methodischen Aspekten oder interaktionellen bzw. gruppendynamischen Blockaden im weiteren Umkreis des Qualitätsvorhabens einerseits und dem Aufdecken bzw. Vermeiden von Problemen, die die Einrichtung schon lange mit sich schleppt und die ein anderes Setting – wie längerfristige Supervision oder Organisationsberatung – erfordert, nicht einfach zu leisten sein würde. Sofern sie sich als hinderlich für den Projektfortschritt erwiesen, wurden sie in der zur Verfügung stehenden Zeit und auf einem handhabbaren Niveau der Bearbeitbarkeit von den DIE-Beraterinnen angegangen.

Insgesamt wurden über ein halbes Jahr fast die Hälfte der am Modellprojekt beteiligten Einrichtungen der Familienbildung (N=23) von sechs Beraterinnen des DIE begleitet. Das DIE-Beratungsteam hat sowohl im Rahmen der organisationsumfassenden Stärken-Schwächen-Analyse als auch bei der Realisierung der Vorhaben zur Qualitätsverbesserung die Einrichtungen vor Ort bei ihrem Qualitätsentwicklungsprozeß begleitet. Nach zögerlichem Beginn – der vermutlich mit der Assoziation der Qualitätsberatung als ‚Krisenintervention' zu tun hat – hat ungefähr die Hälfte der beteiligten Einrichtungen das Beratungsangebot für konkrete Anliegen im Zusammenhang mit ihrer Arbeit an den Qualitätsvorhaben angefordert. Damit liegt die Inanspruchnahme der Impulsberatung im Rahmen unserer Erwartungen. Das vorgesehene Kontingent wurde ausgeschöpft, es wurde aber in dem vorgesehenen Zeitraum auch kein nennenswerter, darüber hinaus gehender Bedarf angemeldet. Insofern gehen wir davon aus, daß der Beratungsumfang angemessen war.

Diese Beratung, die von Kolleginnen des Deutschen Instituts für Erwachsenenbildung kompetent durchgeführt wurde, hat in allen Fällen[37] maßgeblich zum Erfolg der Vorhaben zur Qualitätsentwicklung in den betreffenden Einrichtungen beigetragen, indem beispielsweise ein „zusätzlicher Außenblick auf ihre Probleme" eröffnet wurde. Die Arbeit der Beraterinnen wurde nach Aussagen der Qualitätsbeauftragten in den Einrichtungen als *hilfreich* (30%) oder *sehr hilfreich* (65%) empfunden. Die dadurch angeregte Selbstthematisierung muß als Bedingung und Impuls für die Weiterentwicklung des Themas, der Qualitätsgruppe und der Einrichtung betrachtet werden. Dazu kommt, daß das anschauliche Erleben einer gelungenen externen Moderation die Qualitätsbeauftragte wie auch die Mitglieder mit zusätzlichen Kompetenzen zur Steuerung des Qualitätsentwicklungsprozesses ‚versorgt'.

Die Auswertung unserer Befragungen ergibt, daß aus der subjektiven Sicht der Qualitätsbeauftragten der Grad der Zielerreichung bei den Einrichtungen mit und ohne Inanspruchnahme der Beratung gleich hoch war – es also keinen signifikanten Unterschied gab. Auch wenn der eingeschätzte Grad der Zielerreichung unabhängig davon ist, ob Qualitätsberatung in Anspruch genommen wurde oder nicht, muß davon ausgegangen werden, daß die Qualitätsgruppen, die Beratung in Anspruch genommen und diese als hilfreich eingeschätzt haben, ohne diese Beratung ihr Ziel *so* nicht erreicht hätten.

---

37 Der einzige negative Fall kann hier aus Datenschutzgründen nicht geschildert und interpretiert werden.

7 Bilanz und Ausblick

Wir haben in dieser Publikation die Ausgestaltung eines organisationsumfassenden Qualitätsentwicklungsmodells konzeptionell entfaltet und die damit gewonnenen praktischen Erfahrungen bilanziert. Auf breiter Basis erprobt wurde dieses Modell vom September 1998 bis August 2000 im Rahmen eines vom Bundesministerium für Familie, Senioren, Frauen und Jugend geförderten Forschungsvorhabens. An der Umsetzung beteiligten sich knapp 50 Einrichtungen der Familienbildung aus den Bundesländern Hessen, Mecklenburg-Vorpommern und Niedersachsen. Es handelt sich damit unseres Wissens um das quantitativ größte Qualitätsprojekt im Bereich der Weiterbildung.

Das von uns konzipierte Qualitätsmodell besteht im wesentlichen aus vier Elementen:

- Eine Organisationsdiagnose in Form einer Stärken-Schwächen-Analyse in Anlehnung an das Modell der European Foundation for Quality Management (EFQM)
- Projekte zur Qualitätsverbesserung
- Die Einrichtung von Qualitätsgruppen und die Wahl einer Qualitätsbeauftragten
- Fortbildung und Beratung vor Ort

Im folgenden charakterisieren wir die vier zentralen Elemente unseres Konzeptes sowie die damit gewonnenen Erfahrungen zusammenfassend und entwickeln Anregungen für die Übertragbarkeit unter ‚Normalbedingungen'.

Stärken-Schwächen-Analyse als Organisationsdiagnose in Anlehnung an das EFQM-Modell

Bei der Stärken-Schwächen-Analyse haben wir uns an das ‚Modell für Excellence' der European Foundation for Quality Management (EFQM) angelehnt. Ausschlaggebend für unsere Orientierung am EFQM-Modell waren u.a. die folgenden Überlegungen: Der Ansatz bezieht sich auf die *Qualität der gesamten Organisation*, erlaubt aber gleichzeitig die Einbeziehung pädagogischer Kriterien im engeren Sinne (z.B. die einer guten Kursgestaltung). Er ist sowohl prozeß- als auch produktorientiert angelegt und rückt die Selbstevaluation in den Mittelpunkt und nicht die Orientierung an extern definierten Standards. Schließlich handelt es sich um ein europaweit anerkanntes und inzwischen in Weiterbildungseinrichtungen weit verbreitetes Qualitätsmodell.

Das EFQM-Modell basiert auf 9 Kriterien, die nach ‚Potentialen' und ‚Ergebnissen' unterschieden werden.

Bei den *‚Potentialen'* geht es darum, *wie* eine Einrichtung der Familienbildung vorgeht, um ‚gute' Ergebnisse zu erreichen. Betrachtet werden folgende Aspekte:

- *Ziele und Strategien* der Einrichtung,
- *Leitung* (insbesondere die Qualitätspolitik der Leitung),
- Nutzung und Förderung der Kompetenzen der *Mitarbeiterinnen* – einschließlich der Honorarkräfte und der Ehrenamtlichen,
- Umgang mit *Ressourcen* (vor allem Finanzen, räumlich-technische Ausstattung und Know-how) sowie mit *Kooperationspartnern* und
- *Prozesse* der Einrichtung.

Bei den *‚Ergebnissen'* geht es darum, *was* eine Einrichtung mit ihren Qualitätsanstrengungen erreicht hat, bezogen auf

- die Erwartungen und Anforderungen der Teilnehmenden, des Trägers sowie der Geldgeber als *‚Kunden',*
- die *Mitarbeiterinnen,*
- das *gesellschaftliche Umfeld* (z.B. andere Bildungs- und Beratungseinrichtungen, Jugendamt, Gremien, Presse),
- *Schlüsselergebnisse* für die spezifische Einrichtung (z.B. Erreichung von pädagogisch-konzeptionellen und wirtschaftlichen Zielen).

Für alle neun Qualitätskriterien haben wir je einen Leitfaden entwickelt. In Anlehnung an gängige Problemlöseverfahren haben wir darin Fragen zu folgenden vier Aspekten formuliert: Ziele, Lösungswege und Maßnahmen, Überprüfung sowie Weiterentwicklung (bei den Potential-Kriterien) sowie zur Effektivität und Effizienz der eingeschlagenen Lösungswege (bei den Ergebnis-Kriterien). Jeder Leitfaden schließt mit Bilanzaussagen, anhand derer der ‚Grad der Excellence' der Einrichtung eingeschätzt werden soll. Das Besondere bei dieser Ausgestaltung der Leitfäden für die Organisationsdiagnose besteht darin, daß die Problemlöseorientierung anstelle einer differenzierten inhaltlichen Untergliederung des jeweiligen Qualitätskriteriums in den Vordergrund rückt. Zugleich wird damit das Diagnoseinstrument vereinfacht. Damit soll der Einsatz auch für kleinere Bildungseinrichtungen gewährleistet werden. Außerdem orientieren wir uns damit an einer ressourcen- und lösungsorientierten Strategie, derzufolge der Hauptakzent der Aktivitäten nicht auf einer allzu detaillierten Analyse, sondern bei den Veränderungsinitiativen liegen soll.

Die im Rahmen des Modellprojekts gewonnenen Erfahrungen haben gezeigt, daß die ungewohnt *abstrakte Sprache* der im Modellprojekt eingesetzten ersten Fassung der Leitfäden für viele eine Schwierigkeit darstellte. Trotz der Probleme bei der ‚Übersetzung' der Fragebögen auf die Situation der eigenen Einrichtung wurden die Fragebögen zur Stärken-Schwächen-Analyse von fast allen Mitgliedern der Qualitätsgruppen – als „hilfreich für den Prozeß" und rückblickend als in der vorliegenden Differenzierung sinnvoll eingeschätzt. Wir haben uns im Zuge der Überarbeitung der Fragebögen nach der Erprobung bemüht, sie sprachlich zu vereinfachen.

Für die Zukunft erscheint es uns nicht zwingend, sich bei der als erforderlich angesehenen Organisationsdiagnose ausschließlich auf das EFQM-Modell zu beziehen. Auch andere – allerdings im Bildungsbereich bislang noch nicht weit verbreitete – Analysemodelle, wie das der Balanced Scorecard, könnten durchaus an die Stelle treten.

Qualitätsverbesserung durch Projektmanagement

Die Einbeziehung von Elementen des Projektmanagements zur Durchführung von konkreten Vorhaben zur Qualitätsverbesserung stellt aus unserer Sicht eine wichtige Ergänzung des EFQM-Modells dar. Sie erschien uns sinnvoll, da letzteres keine konkreten Unterstützungsinstrumente für die Umsetzung von Vorhaben zur Qualitätsentwicklung enthält, die Verbesserung der Qualität aber gerade das Ziel jedes Qualitätsmangements sein muß und auch in der Praxis die Bildungseinrichtungen vor allem an der Realisierung von Veränderungen interessiert sind.

An die Stärken-Schwächen-Analyse schließt sich die Auswahl von konkreten Vorhaben zur Qualitätsverbesserung an. Bei der Bearbeitung dieser Vorhaben orientieren wir uns ebenso wie bei der Organisationsdiagnose an einem phasenorientierten Problemlösekonzept, d.h. die zu bearbeitenden Themen werden als eine in einem begrenzten Zeitraum zu lösende Aufgabe betrachtet. Der zugrundelegte Problemlösekreislauf umfaßt die Phasen der Zielklärung, der Analyse der Ausgangssituation, das Erarbeiten von Lösungswegen/Maßnahmen, die Planung der Umsetzung sowie das Controlling (insbesondere bei der Durchführung). Die Bearbeitung der Projekte zur Qualitätsverbesserung wird durch Materialien, Checklisten bzw. Anregungen und Tips sowie Beispiele aus der Praxis unterstützt.

Im Zuge der Erprobung verlief die Projektbearbeitung sehr produktiv und weitgehend konfliktfrei. Dies zeigte sich u.a. daran, daß gegen Ende des Modellprojekts in vielen Einrichtungen bereits positive Auswirkungen auf die Einrichtung von den Beteiligten konstatiert wurden, und zwar selbst dort, wo die Projekte zum Zeitpunkt des Abschlusses des Modellprojekts noch nicht beendet waren.

Einrichtung von Qualitätsgruppen und Wahl einer Qualitätsbeauftragten

Weiter ist für unseren Ansatz konstitutiv, daß die organisationsumfassende Stärken-Schwächen-Analyse sowie die Projekte zur Qualitätsverbesserung in eigens dafür eingerichteten, heterogen zusammengesetzten Qualitätsgruppen durchgeführt werden. Mit dieser Konstellation – anstelle der Übertragung der Qualitätsbelange an eine einzelne Person – war das Ziel verbunden, die unterschiedlichen Sichtweisen und Kompetenzen der an der Gestaltung der Familienbildung beteiligten Gruppen aktiv und intensiv in den Prozeß der Qualitätsentwicklung einzubeziehen. Auch bei unserem Ansatz ist die Wahl einer Qualitätsbeauftragten vorgesehen. Sie hat im wesentlichen eine die Arbeit der Qualitätsgruppe koordinierende und steuernde Funktion, ist jedoch weder für den Prozeß noch das Ergebnis alleine verantwortlich.

Die im Rahmen des Modellprojektes realisierte Zusammensetzung der Qualitätsgruppen läßt erkennen, daß es dem größten Teil der

Einrichtungen gelungen ist, die gewünschte Perspektiven- und Kompetenzenvielfalt der verschiedenen an der Gestaltung der Familienbildung beteiligten Personengruppen durch die Einbeziehung von Verwaltungskräften, Kursleiterinnen und Teilnehmerinnen (neben der Leitung und hauptamtlich beschäftigten Mitarbeiterinnen) zu verwirklichen. Die Arbeit in den Qualitätsgruppen wurde durchgehend als neuartige und bereichernde Erfahrung erlebt und sehr positiv beurteilt. Es ist den Qualitätsgruppen offenbar gelungen, eine hervorragende Balance zwischen einer effektiven Arbeit und einem angenehmen und kooperativen Gruppenklima herzustellen.

Ein Mitglied aus der Qualitätsgruppe soll die Rolle als *Qualitätsbeauftragte* übernehmen. Zu den Aufgaben der Qualitätsbeauftragten zählen im wesentlichen die Koordination der Arbeit der Qualitätsgruppe, die Moderation von deren Sitzungen sowie die Vermittlung zwischen unterschiedlichen Sichtweisen und Interessen (in der Qualitätsgruppe sowie gegenüber den anderen Mitgliedern der Einrichtung). Für diese Aufgaben soll der Qualitätsbeauftragten jedoch nicht die alleinige Verantwortung zugewiesen werden. Insbesondere die *inhaltliche* Vorbereitung der Sitzungen und das Erstellen von Protokollen kann und soll z.B. reihum durch verschiedene Mitglieder der Qualitätsgruppe wahrgenommen werden. Sowohl für die inhaltlichen Ergebnisse als auch für den Prozeß der Qualitätsentwicklung ist nach unserer Konzeption die Qualitätsgruppe als Ganzes und nicht die Qualitätsbeauftragte alleine verantwortlich. Damit ist eine notwendigerweise nicht ganz präzise definierte Aufgabenbeschreibung gegeben, die in den einzelnen Einrichtungen konkret ausgestaltet werden muß. Die gemeinsame kooperative Problemlösung ist geradezu das Hauptmerkmal von ‚Selbstorganisation' und bewirkt Synergieeffekte.

Wir empfehlen, die Rolle der Qualitätsbeauftragten nicht der Leitung zuzuweisen, um so die in den Qualitätsgruppen möglichen neuen kooperativen Lernprozesse zu unterstützen. Dennoch muß klar sein, daß die bestehenden Entscheidungsstrukturen der Einrichtungen weder von der Qualitätsbeauftragten noch von der Qualitätsgruppe tangiert werden, d.h. sie besitzen keine eigene Entscheidungskompetenz.

Ca. drei Viertel der Qualitätsgruppen sind unserer Anregung der Trennung von Leitung und Qualitätsbeauftragten gefolgt. Am häufigsten wurde die Funktion der Qualitätsbeauftragten von hauptamtlichen pädagogischen Mitarbeiterinnen übernommen, in einem Viertel der am Modellprojekt beteiligten Einrichtungen von Leitungskräften. An dritter Stelle folgten Kursleiterinnen, die in immerhin einem

Fünftel der Einrichtungen als Qualitätsbeauftragte gewonnen werden konnten.
Die beschriebene Rollendefinition erwies sich bei der Erprobung in einigen Fällen als konkretisierungsbedürftig.

Fortbildung und Beratung vor Ort als Unterstützungselemente

Da die Einführung eines umfassenden und systematisch angelegten Qualitätsmanagements eine neue Herausforderung und Aufgabe für Bildungseinrichtungen darstellt, für deren erfolgreiche Realisierung spezifische Qualifikationen erforderlich sind, halten wir die Unterstützung dieses Prozesses durch Fortbildung und Beratung für wichtig. Als basale *Fortbildungselemente* lassen sich die folgenden Module hervorheben:

- *Auftaktworkshop für Leitungskräfte*
  Dieser Workshop richtet sich an Leitungskräfte, die in ihrer Einrichtung systematische Qualitätsentwicklung einführen wollen. Bei diesem Fortbildungselement kommt es zum einen darauf an, die bisherigen Qualitätsbemühungen aufzuarbeiten und für die Bedeutung eines systematischen Qualitätsmanagements zu sensibilisieren. Zum anderen werden die Leitungskräfte mit dem zu implementierenden Qualitätsmodell vertraut gemacht, um ihrerseits die Einrichtungen davon zu überzeugen, daß eine solche Arbeit sinnvoll ist.
- *Orientierungsworkshop für potentielle Qualitätsbeauftragte*
  Diejenigen Personen, die sich für die Aufgabe der Qualitätsbeauftragten interessieren, sollen im Vorfeld dieser Entscheidung zum einen das Qualitätskonzept kennenlernen und zum anderen für ihre potentielle Aufgabe sensibilisiert werden.
- *Prozeßbegleitende Fortbildung für Qualitätsbeauftragte*
  Da die Qualitätsbeauftragten den ‚Motor' der Qualitätsentwicklung in den Einrichtungen darstellen, sollte ihnen während der Durchführung der Qualitätsentwicklung eine diesen Prozeß begleitende Fortbildung angeboten werden. Dabei werden sie zum einen differenziert in die einzelnen Elemente des Qualitätsmodells eingeführt, das sie an die übrigen Mitglieder der Qualitätsgruppe weitergeben. Zum anderen bieten diese Fortbildungen eine gute Gelegenheit, die mit der Qualitätsentwicklung gemachten Erfahrungen auszutauschen und voneinander zu lernen.

Die Rückmeldungen der Qualitätsbeauftragten im Rahmen des Modellprojekts zeigen, daß das Fortbildungsangebot – und dabei insbesondere der Erfahrungsaustausch zwischen den verschiedenen Qualitätsbeauftragten – als sehr hilfreich für die Motivation und die Sicherheit in der neuen Funktion wahrgenommen wurde.

Neben der Fortbildung ist es sinnvoll und hilfreich, den Einrichtungen *professionelle Beratung vor Ort* zumindest in begrenztem Umfang im Sinne einer Impulsberatung anzubieten. Sie erfüllt im wesentlichen die folgenden drei Funktionen:

- *Vertiefung der Fortbildungsinhalte und Unterstützung bei Sach- und Methodenfragen*
  Im Sinne eines Minimalmodells ist aus Gründen der Finanz- und Zeitökonomie während des Qualitätsentwicklungsprozesses ‚nur' die Fortbildung der Qualitätsbeauftragten – nicht die der gesamten Qualitätsgruppe – vorgesehen. Daher besteht eine Funktion der professionellen Beratung vor Ort darin, je spezifische Fortbildungsinhalte zu vertiefen bzw. für die jeweiligen Einrichtungskontexte zu spezifizieren sowie einzelne Sachfragen zu bearbeiten (z.B. die Eingrenzung eines Projekts zur Qualitätsverbesserung).
- *Rollenklärung und Konfliktbewältigung*
  Die Installation einer Qualitätsbeauftragten, deren Funktion in der Regel nicht von der Leitung wahrgenommen wird, kann zu Rollenkonflikten mit der Leitung führen und die Klärung von Zuständigkeiten erforderlich machen. Daneben kann es notwendig werden, auch andere Rollenfriktionen und gruppendynamische Prozesse innerhalb der Qualitätsgruppe im Interesse einer produktiven Weiterarbeit durch externe Beratung aufzugreifen.
- *Außenperspektive auf ‚blinde Flecke' der Organisation*
  Da es sich bei dem von uns entwickelten Qualitätsmodell im Prinzip um einen Ansatz der Organisationsentwicklung handelt, kann es notwendig werden, blinde Flecken der Organisation, tabuisierte Regeln und unbewußte Kommunikationsmuster zu thematisieren, die eine offene Analyse der organisationalen Struktur und Kultur oder die konstruktive Arbeit an Projekten zur Qualitätsentwicklung behindern. Diese einrichtungsspezifischen ‚Muster' können im Zuge der Impulsberatung nur angesprochen, jedoch nicht grundlegend bearbeitet werden. Ersteres hilft aber häufig bereits, Blockaden aufzuheben und Irritationen zwischen den am Qualitätsprozeß aktiv Beteiligten abzubauen.

Im Rahmen des Modellprojekts konnten die Einrichtungen auf Wunsch professionelle externe Beratung vor Ort bis zu einem durchschnittlichen Umfang von 2 Tagen kostenlos in Anspruch nehmen. Dieses Beratungsangebot, das vom Deutschen Institut für Erwachsenenbildung (DIE) realisiert wurde, nahmen in etwa die Hälfte der beteiligten Einrichtungen in Anspruch. Alle drei der oben genannten Beratungsanlässe spielten dabei eine Rolle.

Insgesamt kann bilanziert werden, daß das Qualitätsmodell erfolgreich umgesetzt wurde. Die konkreten Erfahrungen, die im Rahmen der umfangreichen Erprobung gewonnen wurden, sind in diese Publikation eingeflossen. Zum Zeitpunkt unserer abschließenden Befragung der Mitglieder der Qualitätsgruppen waren die Vorhaben zur Qualitätsentwicklung bei der Mehrheit der Einrichtungen noch nicht abgeschlossen. Von über 80% wurde die Zielerreichung jedoch als wahrscheinlich angesehen. Hierfür spricht auch das Ergebnis, daß der überwiegende Teil der Mitglieder bereits Auswirkungen ihrer Arbeit auf die Einrichtung feststellen konnte. In unserer Erhebung wurden als positive Auswirkungen am häufigsten Konsequenzen für die ‚interne Kommunikation' (von drei Viertel der Befragten genannt), gefolgt von den Items ‚Zusammenarbeit zwischen den Mitarbeitern', ‚Arbeitsatmosphäre' und ‚organisatorische Arbeitsabläufe'. Negative Auswirkungen wurden so gut wie nicht konstatiert. Die Zustimmung gerade zu den genannten Statements unterstreicht aus unserer Sicht, daß die Einrichtungen ein ausgeprägtes Bewußtsein von der Bedeutung organisationaler Rahmenbedingungen für eine gute Bildungsarbeit entwickelt haben. Die Items stellen zugleich wichtige Aspekte einer lernenden Organisation dar.

Aufgrund des organisationsumfassenden Ansatzes kann diese Form des Qualitätsmanagements auch als Organisationsentwicklung verstanden werden. Die unterschiedlichen, zur Zeit intensiv diskutierten Strategien zur Veränderung von Organisationen wie Organisationsentwicklung, lernende Organisation, Wissensmanagement, Projektmanagement und Qualitätsmanagement unterscheiden sich nach unserer Auffassung eher graduell, u.a. in bezug auf den Anspruch, die ganze Organisation zu erfassen, im Hinblick auf die zeitliche Dimension (begrenzt oder kontinuierlich) sowie die spezifische Perspektive, die bei der Veränderung in den Vordergrund gerückt wird, z.B. Qualität oder Wissen.

Unsere bilanzierende Frage, ob die einzelnen Mitglieder der Qualitätsgruppen persönlich meinten, daß sie in Zukunft mit diesem Qualitätskonzept weiterarbeiten wollten, bejahten knapp 90%. Den wenigen, die sich ablehnend zu einer Weiterarbeit mit dem Qualitätskonzept äußerten, erschien rückblickend der personelle bzw. zeitliche Aufwand gegenüber dem Nutzen zu hoch bzw. sahen die Arbeitsergebnisse als im Vergleich zum Aufwand als zu gering an. Diese Äußerungen erscheinen angesichts der häufig sehr prekären personellen und finanziellen Situation in den Einrichtungen der Familienbildung gut nachvollziehbar.

Es wird zukünftig im Interesse der vergleichbaren Anwendung des erprobten Modells darauf ankommen, den am Modellprojekt nicht beteiligten Einrichtungen die Möglichkeit zu bieten, sich mit diesem Qualitätskonzept vertraut zu machen. Wir sind der Überzeugung, mit den in dieser Publikation erstellten Eckpunkten unseres Konzepts ein Modell vorgelegt zu haben, das sich auch jenseits der etwas komfortableren Bedingungen, die im Rahmen des Modellprojekts durch die Bereitstellung von Ressourcen gegeben waren, in der Praxis der Familienbildung realisieren läßt. Außerdem erscheint uns dieses Konzept relativ problemlos auf andere Bildungs- und Sozialeinrichtungen übertragbar.

Literatur

Arbeitsgemeinschaft Hessischer Elternschulen und Familienbildungsstätten (AHE) (Hrsg.) (2000): Qualitätsentwicklung in hessischen Familienbildungsstätten. Dokumentation und Auswertung der Qualitätsprozesse. Friedberg

Auer-Rizzi, W. (1998): Entscheidungsprozesse in Gruppen: kognitive und soziale Verzerrungstendenzen. Wiesbaden (Dt. Univ.-Verlag)

Baumgartner, I. u.a. (1998): OE-Prozesse – Die Prinzipien systemischer Organisationsentwicklung. 5. Aufl., Bern/Stuttgart (Haupt)

Becker, H./Langosch, I. (1995): Produktivität und Menschlichkeit. Organisationsentwicklung und ihre Anwendung in der Praxis. 4. erw. Aufl., Stuttgart (Enke)

Beywl, W./Geiter, Ch. (1997): Evaluation – Controlling – Qualitätsmanagement in der betrieblichen Weiterbildung. 2. Aufl., Bielefeld (Bertelsmann)

Deutsche Gesellschaft für Qualität (DGQ) (1995): Begriffe zum Qualitätsmanagement. 6. Aufl., Berlin (Beuth)

European Foundation for Quality Management (EFQM) (1999a): Excellence einführen. Brüssel

European Foundation for Quality Management (EFQM) (1999b): Die acht Eckpfeiler der Excellence. Die Grundkonzepte der EFQM und ihr Nutzen. Brüssel

European Foundation for Quality Management (EFQM) (1999c): Das EFQM-Modell für Excellence. Öffentlicher Dienst und soziale Einrichtungen. Brüssel

Frey, K. (1997): EFQM im Bildungsbereich. In: Grundlagen der Weiterbildung, 8, 1997, 4, 174-176

Gnahs, D. (1999): Zwischenbilanz der Qualitätsdebatte. In: Literatur- und Forschungsreport Weiterbildung 1999, 43, 15-22

Haug, C. V. (1998): Erfolgreich im Team: praxisnahe Anregungen und Hilfestellungen für effiziente Zusammenarbeit. 2.überar. u. erw. Aufl., München (Dt. Taschenbuch-Verlag)

Heintel, P./Krainz, E. (1994a): Projektmanagement: eine Antwort auf die Hierarchiekrise. 3. Aufl., Wiesbaden (Gabler)

Keßler, H./Winkelhofer, G. (1997): Projektmanagement: Leitfaden zur Steuerung und Führung von Projekten. Berlin u.a. (Springer)

Kraus, G./Westermann, R. (1997): Projektmanagement mit System: Organisation, Methoden, Steuerung. 2. erw. Aufl., Wiesbaden (Gabler)

Landesinstitut für Schule und Weiterbildung (LSW) (Hrsg.) (1999): Qualitätsentwicklung in der Familienbildung. Das EFQM-Modell in der Praxis. Bönen (Druck-Verlag Kettler)

Langmaack, B./Braune- Krickau, M.(1999): Wie die Gruppe laufen lernt. Anregungen zum Planen und Leiten von Gruppen. 5. Aufl., Weinheim (Beltz, Psychologie Verlags Union)

Mathes, E. (2000): Beratung zur Qualitätsentwicklung in Familienbildungsstätten. Abschlußbericht der Beratungen des Deutschen Instituts für Erwachsenenbildung zum Projekt der Universität Heidelberg "Qualitätsentwicklung und –sicherung in der Familienbildung". (Interner Bericht des DIE). Frankfurt am Main

Mayrshofer, D./Kröger, H. A. (1999): Prozeßkompetenz in der Projektarbeit: ein Handbuch für Projektleiter, Prozeßbegleiter und Berater. Hamburg (Windmühle)

Mrozynski, P. (1994): Kinder- und Jugendhilfegesetz (SGB VIII). Textausgabe mit Erläuterungen. 2. Auflage

Offermann, J./Pohl, K.-H. (1997): Qualitätsmanagement in der beruflichen Weiterbildung durch Maßnahmen der Organisationsentwicklung. In: Grundlagen der Weiterbildung, 8, 1997, 5, 211-213

Otto, B. (1999): Excellence im neuen Jahrtausend: Nicht auf QMBs abschieben! In: VDI-Gesellschaft Systementwicklung und Projektgestaltung: Wege zum Erfolg durch Excellence. (VDI Berichte 1519). Düsseldorf (VDI-Verlag), 3-14

Pohl, K.-H. (1999): Qualitätsentwicklung in der beruflichen Weiterbildung. In: Organisationsentwicklung, 1999, 3, 4-17

Probst, G. J. B./Büchel, B. (1994): Organisationales Lernen: Wettbewerbsvorteil der Zukunft. Wiesbaden (Gabler)

Rißmann, M. (1997): Kooperationslernen in heterarchischen Teamstrukturen. In: Zech, R. (Hrsg.): Pädagogische Antworten auf gesellschaftliche Modernisierungsanforderungen. Bad Heilbrunn (Klinkhardt), 91-113

Schelle, H. (1996): Projekte zum Erfolg führen. (Beck-Wirtschaftsberater). München (Dt. Taschenbuch-Verlag)

Schiersmann, Ch./Thiel, H.-U. (2000a): Projektmanagement als organisationales Lernen. Ein Studien- und Werkbuch (nicht nur) für den Bildungs- und Sozialbereich. Opladen (Leske + Budrich)

Schiersmann, Ch./Thiel, H.-U. (2000b): Projektmanagement in der Familienbildung. Dokumentation und Auswertung eines integrierten Fortbildungs- und Beratungskonzepts. Bonn/Elmshorn (Bundsarbeitsgemeinschaft Familienbildung und Beratung e.V. (Eigenverlag)

Schiersmann, Ch./Thiel, H.-U./Pfizenmaier, E. (1999): Zwischenbericht zum Projekt „Qualitätsentwicklung und -sicherung in der Familienbildung". Unveröffentl. Manuskript

Schiersmann, Ch./Thiel, H.-U./Fuchs, K. /Pfizenmaier, E. (1998): Innovationen in Einrichtungen der Familienbildung. Opladen (Leske + Budrich)

Süß, G./Eschlbeck, D. (1997): Projektmanagement interaktiv. Wiesbaden (Vieweg)

Thiel, H.-U. (1998): Fortbildung von Leitungskräften in pädagogisch-sozialen Berufen. Ein integratives Modell für Weiterbildung, Supervision und Organisationsentwicklung. 2. Aufl., Weinheim/München (Juventa)

Thiel, H.-U. (1996): Die Bedeutung der Institutionsgeschichte für den Supervisionsprozeß. In: Pühl, H. (Hrsg.): Supervision in Institutionen. Frankfurt/M. (Fischer)

Tschuschke, V. (1997): Gruppenentwicklung – unverzichtbar für gruppentherapeutische Effekte? In: Langthaler, W./Schiepek, G. (Hrsg.): Selbstorganisation und Dynamik in Gruppen: Beiträge zu einer systemwissenschaftlich orientierten Psychologie der Gruppe. 2. Aufl., Münster (LIT), 183-196

Tuckmann, B. W. (1965): Developmental Sequence in Small Groups. Psychological Bulletin 63, 1965, 384-399

Das Handbuch der Evaluationsstandards

Joint Committee on Standards for Educational Evaluation/ James R. Sanders (Hrsg.)
Handbuch der Evaluationsstandards
Die Standards des „Joint Committee on Standards for Educational Evaluation"
Aus dem Amerikanischen übersetzt von Wolfgang Beywl und Thomas Widmer. Deutsche Ausgabe bearbeitet und ergänzt von Wolfgang Beywl, Thomas Widmer und James R. Sanders.
2., durchgesehene Auflage 2000
310 Seiten. Kart.
68,– DM/62,– SFr/496 ÖS
ISBN 3-8100-2766-9

Die amerikanischen ‚Program Evaluation Standards' sind ein Referenzwerk der Evaluationspraxis. Der Hauptteil enthält die 30 Standards, geordnet nach den Bewertungsdimensionen Nützlichkeit, Korrektheit, Anwendbarkeit sowie Genauigkeit. Jeder Standard wird detailliert beschrieben und erklärt. Außerdem illustrieren Praxisbeispiele aus Schule, Hochschule, betrieblicher Bildung und Sozialer Arbeit ihre Anwendung.

Stimmen zum Handbuch:
„Das Handbuch gibt einen reichhaltigen Überblick über die in Wissenschaft, Politik und Verwaltung im In- und Ausland gängigen Qualitätsanforderungen an Evaluationsstudien im weitesten Sinne. Das Buch verdient es, von all jenen gelesen zu werden, die sich als Auftragnehmer oder Auftraggeber im öffentlichen Sektor mit derartigen Studien zu befassen haben.(...)"
Prof. Dr. Peter Knoepfel,
Direktor des Institut des hautes études en administration publique (IDHEAP), Lausanne

„Die Übersetzung dieses Standardwerkes zur Evaluation erscheint gerade zur rechten Zeit. Es bietet eine klare Orientierung für eine systematische, empirisch fundierte Qualitätsentwicklung auch in der Sozialen Arbeit. (...) Ich werde das Buch in meinen Evaluationskursen und -seminaren innerhalb und außerhalb der Universität empfehlen und als Text einsetzen."
Dr. Maja Heiner,
Professorin für Sozialpädagogik an der Universität Tübingen

„Das Handbuch ist nicht nur eine entscheidende Informationsquelle, um vorhandene Qualitätssysteme auf den Prüfstand zu stellen, sondern liefert auch Instrumente und die in die Zukunft weisende Arbeitsphilosophie für die Entwicklung neuer Evaluationskonzepte."
Prof. Gottfried Kleinschmidt,
Landesinstitut für Erziehung und Unterricht Stuttgart

■ **Leske + Budrich**

Projektmanagement als organisationales Lernen

Christiane Schiersmann
Heinz-Ulrich Thiel
Projektmanagement als organisationales Lernen
2000. 316 Seiten. Kart.
48,– DM/44,50 SFr/350 ÖS
ISBN 3-8100-2304-3

In diesem Studien- und Werkbuch wird ein zugleich theorie- und praxisorientiertes Konzept für das Entwickeln, Planen und Steuern von Projekten entfaltet. Umfangreiche Arbeitsmaterialien und konkrete Fallbeispiele unterstützen eine selbstorganisierte Gestaltung des Projektprozesses.

Das Projektmanagement ist die innovative Antwort auf den wachsenden Konkurrenz- und Veränderungsdruck auch im Bildungs-, Kultur- und Sozialbereich. Es nutzt die hohe Problemlösekompetenz und Kreativität von fach- und hierarchieübergreifend zusammengesetzten Teams.
Projekte stellen den Kern institutioneller Interventionsstrategien dar (z.B. bei der Organisationsentwicklung, dem Qualitäts- und Wissensmanagement, der lernenden Organisation).

Die Autoren rücken daher den in der Literatur bisher weitgehend vernachlässigten Zusammenhang zwischen Projektmanagement und Institution im Sinne des „organisationalen Lernens" in den Vordergrund.

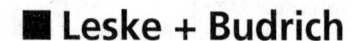

■ **Leske + Budrich**
Postfach 30 05 51 . 51334 Leverkusen
E-Mail: lesbudpubl@aol.com . www.leske-budrich.de